社長のためのマキアヴェリ入門

鹿島　茂

中央公論新社

目次

社長のためのマキアヴェリ入門

DTP　ハンズ・ミケ

第一章

数年前、マキアヴェリの全集が筑摩書房から刊行されたのを機会に『君主論』を手に取ってみた。恥ずかしながら、高校生のときに「世界の名著」（中央公論社）の一冊として『マキアヴェリ』（「君主論」ほか）を購入しながらそのまま本棚の奥にしまいこみ、それっきり一度もページを開いたことがなかったのである。

読み始めるや、文字通り、仰天した。なんという実践的な、しかも現代にピッタリくる本であろうか？　「君主論」というタイトルから、政治技術の書であるとばかり思っていたが、むしろ、これは、社長が、ビジネスの最高の指針として読むべき本ではないか。

なぜなら、現代日本では「君主」と呼べる存在は政界には存在しないが、群雄割拠のビジネスの世界には、「君主」はそれこそ無数に存在するからである。ひとことでいえば、『君主論』の「君主」を「社長」に、「国家」を「会社」に置き換えて読めば、そのまま、超実践的なビジネス書になるのである。

しかし、十分予想しうることだが、世の社長たちが『君主論』を直接手にすることはまずないだろう。雑事に追われて、わざわざ「君主」を「社長」に置き換える時間すら取れないからである。

それに『君主論』はあくまで当時の具体的政治状況を例に説明が行われているので、この時代の知識に疎い人たちにとっては、ある種冗漫な議論と感じられるにちがいない。「フィレンツェ共和国」だの「教会君主国」だのといわれてもなんのことかさっぱり理解できない。いいかえれば、いかに卓越した格言が書かれていようとも、そのままのかたちでは、現代の読者が『君主論』をビジネス書として読むにはかなりの無理があるのだ。

具体的なサンプルが日本のビジネス状況から選ばれていれば、それに越したことはないのだが。だれか、現代版『君主論』すなわち、『社長のためのマキアヴェリ入門』を書く人間は現れないものか？

そう思ったのが四年ほど前のこと。すでに日本経済は完全に回復力を失って、デフレの様相を呈していた。こんな時にこそ『社長のためのマキアヴェリ入門』が必要なのに。しかし、『社長のためのマキアヴェリ入門』が書かれる気配はない。ならば、いっそ自分が書いてしまったらどうか。つまり、『君主論』をビジネス書として読み替える作業を私が代行してやろうというのである。ついでに、身近に起こった倒産劇や社長交代劇などの具体的なサンプルをふんだんに盛り込んで「社長の失敗の研究」にもなるように工夫し、さらには、マキアヴェリの他の著作、あるいは『君主論』を範と仰いで執筆されたラ・ロッシュフーコーの『箴言集』とラ・フォンテーヌの『寓話』という二大モラリスト（人性研究家）文学の教訓も随所にちりばめて、一種の究極のビジネス書『社長のためのマキアヴェリ入門』を書き上げようではないか……。

こう考えて、プランを『中央公論』編集部に話したのが二年前。すぐに連載が決まったが、こちらの都合がつかず、ズルズルと時間がたつうちに、日本社会の状況はますます悪化していった。政府の無策が相次ぎ、平成不況は深刻化し、完全なデフレ・スパイラルの様相を呈するようになってしまった。

もはや、政府の不況対策に頼るのはやめにしたほうがいい。日本国を実質的に支えている無数の「君主国」の君主たる社長たちが猛然と奮起し、自分のことは自分で解決するほかない状況となっているのである。そのためには、現代の「君主」たる社長を支える『君主論』がなんとしても必要である。かくして、いよいよ私が自ら筆を執《と》ることとなったのである。

さあ、前置きはこれぐらいにして、さっそく、『社長のためのマキアヴェリ入門』講座を開講しようではないか。

第一講　会社の存亡がかかっているとき、リストラの手段は目的によって正当化される

「君主［社長――著者注（以下同）］は、戦いに勝ち、ひたすら国［会社］を維持してほしい。そうすれば、彼のとった手段は、必ずやりっぱと評価され、誰からもほめそやされる」（『君主論』）

善良な社長であろうと悪辣《あくらつ》な社長であろうと、慈悲深い社長であろうと冷酷な社長であろうと、また鷹揚《おうよう》な社長であろうとドケチな社長であろうと、社長が絶対にやってはいけないこと、それはいうまでもなく、会社を潰すこと、あるいは倒産の原因を作ることである。

どんなに業績が長いあいだ低空飛行を続けていたとしても、会社を潰すことがなけれ

ば、その社長は良い社長である。反対に、どれほど短期間で業績を急回復させようとも、会社がそこから急転直下、倒産への道を突っ走ったのでは、その社長は悪い社長である。また、創業者でカリスマ的な存在であったとしても、伝説的な中興の祖であろうとも、その人自身が倒産の原因を作ってしまったのなら、それもまた悪い社長である。

会社を存続させ、社員の生活を保証し、株主にはたとえわずかなりとも配当を続けること、これこそが社長の絶対的な義務なのである。

会社はシミュレーション・ゲームではない。ゲームなら、たとえ、それが賭けのゲームであっても、損を被るのは自分一人で、もう一度チャレンジすることも可能である。だが、会社には社員というものがいる。社員を路頭に迷わせ、その家族を悲惨な目に遭わせるようなことはどんなことがあってもしてはならないのだ。

しかし、こう書くと、そんなことはわかっているという声が至るところからあがるかもしれない。だれだって、会社を潰したいと思う社長はいない、考えつく手段はすべて講じている、と。

だが、そのために、考えうるあらゆる手段を尽くした社長がどれだけいるだろうか？

そのことは、最近の数多くの倒産劇に当たればすぐに理解できるであろう。ほとんどの倒産劇において、社長が打つべき手を打たなかったこと、あるいは手遅れにならないうちにその決断を下さなかったことが、直接的な倒産の引き金となっているのである。

いまや、たんに「戦いに勝ち……国家［会社］を維持する」のがむずかしいばかりではなく、ギリギリの状態での会社の維持さえ極度にむずかしいのである。こうした状況においては、打ってはならないという手はないのだ。

「しかしながら、一つの悪徳を行使しなくては、政権の存亡にかかわる容易ならざるばあいには、悪徳の評判など、かまわず受けるがよい。というのは、よくよく考えてみれば、たとえ美徳と見えても、これをやっていくと身の破滅に通じることがあり、たほう、表向き悪徳のようにみえても、それを行うことで、みずからの安全と繁栄がもたらされるばあいがあるからだ」（『君主論』）

もちろん、ここでマキアヴェリの言っている「悪徳」を犯罪行為と曲解してはならない。法に触れる行為を行えば、たとえそれが会社を短期的に救うことになっても、最終的には破滅を招くことは、あらためて指摘する必要もないからだ。それは、最近の雪印食品の牛肉すり替え事件その他を見るまでもなく明らかである。犯罪行為に手を染めたら、たとえ露見しなくとも、その時点で、社長も会社もおしまいなのである。

しからば、われわれは、マキアヴェリの言う「悪徳」をどのように解釈すべきなのか？　信義にもとる行為、慈悲心や人間性を欠いた行為などである。具体的に言えば、取引のあった会社や団体との関係の解消、下請けなどの切り捨てと組み替え、不採算な部署の縮小・撤退、賃下げ、余剰人員の解雇、幹部の総入れ替え、組合との労働契約の見直し、などであろう。

これらを実行に移すとなれば、当然、内外から猛反発をくらい、それまで享受していた名声は一瞬のうちに消え、悪評や汚名がいっせいに浴びせられるだろう。だが、マキアヴェリは、そうしたものは「かまわず受けるがよい」と言い切っている。

なぜなら、一見悪徳と見えた過激なリストラ策が、結果的に会社を救い、業績を回復させ、「みずからの安全と繁栄がもたらされるばあいがある」からである。日産のゴーン改革を見れば、このことは容易に理解できるだろう。もし、日本人の社長だったら、あえて「悪徳」に手を染め、悪評と汚名を正面から受け止めるだけの勇気があったかどうか？

反対に、社員から慈悲深く人間性あふれる人物と慕われていた社長が、そうしたおのれの評判を汚したくないがために、リストラに着手する機会をことごとく失い、ついにのっぴきならなくなって「悪徳」に手を染めたはいいが、すでに手遅れで、結局、社員とその家族を地獄へ道づれにして、倒産したというようなケースは枚挙に遑《いとま》がない。とくに、文化事業をしているというプライドのある良心的な出版社や新聞社にはこの「悪徳」を身につける勇気のなかった社長が少なくない。

別の本で、マキアヴェリはほぼ同じことを次のように述べている。

「どのような辱しめを受けようと、あるいは栄光をその身に浴びようと、どのような手だてを使ってでも、祖国は護持されなければならない。（中略）さてこの事件は、その祖国に忠告する立場にあるすべての市民が、よくよく注意をはらい、もって範とするに値するものである。というのは、ひたすらに祖国の在否を賭して事を決するばあい、それが正当であろうと、道にはずれていようと、思いやりにあふれていようと、冷酷無残であろうと、また称賛に値しようと、破廉恥なことであろうと、いっさいそんなことを考慮にいれる必要はないからだ。そんなことよりも、あらゆる思惑を捨てさって、祖国の運命を救い、その自由を維持しうる手だてを徹底して追求しなければならない」（『政略論』）

それはそうと、カルロス・ゴーンが採ったリストラの方法をしかと観察すると、彼が副社長（実質的な社長）に就任してしばらくは、一見、なにもアクションを起こさないように見えた時期があった。これは、いったいなにを意味しているのか？

第二講　大リストラは、一回だけ、一瞬にしてやり遂げよ

「善人としてとおっていた男が、自分の目的をかなえるために悪の道に踏みこもうとするばあいは、なしくずしにその態度を変えていかなければならないからだ。そうすれば情勢にしたがって行動をあわせて、本性を現わしてそれまでの人望がふっとんでしまうまえに新しい支持者を獲得して、本来の権威を損なわずにすますことができる。さもなければ、その化けの皮がはがれてしまい、支持者もなくなって破滅の道をたどる」

（『政略論』）

「美徳」から「悪徳」への転換、つまり大リストラは、極秘裏に準備を進めておいてから、クー・デターを敢行するように、一瞬にしてやり遂げよ。さもないとさまざまな噂

が先行し、なにもやらないうちから、反発と非難が社内に充満し、それがさらにマスコミによって増幅された結果、以前の支持者は離反し、新しい支持者も生まれてこないばかりか、外野からの野次がかまびすしく、ついにはなにもしないうちから破綻が始まってしまうのである。

カルロス・ゴーンは、リストラ策を練るに当たってはあくまで慎重に、一切外部に漏らすことなく調査を進めたうえで、ある日、最終的プランをマスコミ向けの記者会見の席で発表し、その策を一気に実行していった。伸《の》るか反《そ》るかの大手術は、一回だけ、それも短時間で完了せよということである。

これと、同じようなことをマキアヴェリは、別の箇所でも言っている。

「ところで、残酷さがりっぱに使われた――悪についても、りっぱに、などのことば遣いが許されれば――、というのは、自分の立場を守る必要上、残酷さをいっきょに用いて、そののちそれに固執せず、できるかぎり臣下の利益になる方法に転換するばあいをいう。一方、へたに使われたとは、最初に残酷さを小出しにして、時がたつにつれて、やめるどころかますます激しく行使するばあいをさす。

（中略）

要するに、加害行為は、一気にやってしまわなくてはいけない。そうすることで、人にそれほど苦汁をなめさせなければ、それだけ人の憾《うら》みを買わずにすむ。これに引きかえ、恩恵は、よりよく人に味わってもらうように、小出しにやらなくてはいけない」

（『君主論』）

おそらくカルロス・ゴーンは『君主論』を熟読して、枕頭の書としているのだろう。リストラのタイミングと効果を十分に計算したうえで着手し、そして、それを断行したあとは、「恩恵は、よりよく人に味わってもらうように、小出しに」施しているにちがいない。ゴーン信者が増えるのもむべなるかな、である。

東京銀行と三菱銀行の合併によって始まった金融再編が、バブルの清算をめぐって一段と活発化し、三井住友（さくら銀＋住友銀）、みずほ（第一勧銀＋富士銀＋興銀）、さらには三菱東京ＵＦＪ（東京三菱銀＋ＵＦＪ銀）とデフレ下での生き残りをかけて、第二ステージに入っているが、対等合併ないしは統合を謳いつつも、そこは力関係のなせるわざ、かならず、いずれかが強者となり、弱者を「併合」するかたちとなることは必定である。

しかし、そのとき、どんな合併においても、強者の会社出身の社長が「併合」した弱者の会社をうまく支配できるかというと、そうとも限らないところに、会社合併の難しさがある。

第三講　合併は社風の相違を第一に

この点に関して、マキアヴェリはなんと言っているのか？　征服者は、併合した国の国情をよく判断したうえで、新国家の維持の仕方を変えなければならないが、弱者の国が自国と同じ性質をもっている場合には、合併はスムーズに運ぶと述べている。

「征服者が、新領土を獲得してもとの領土に併合するばあい、二つの領土が同じ属州（地域）にあって共通の言語をもつときと、そうでないときがあることだ。両者が共通で、しかも領民がこれまで自由な暮らしに馴染《なじ》みのないばあいには、領土の保持はいたってやさしい」

（『君主論』）

最近では、日産（フランス語）、マツダ（英語）のように、異国語を話す社長が外国企業から乗り込んでくることも多くなったので、「共通の言語」を文字通りに解釈しなければならないケースも増えてはいるが、いちおう、ここは、比喩的な意味で「社風」と解するとしよう。

そうすると、マキアヴェリの提案する処方箋その一は、合併相手には、社風の似通ったところを選べと解釈することができる。社風というのは意外に重要なものなのだ。たとえば、旧財閥系銀行と旧国策系銀行、あるいは地方銀行とでは、社風に著しい相違が認められる。また、同じ財閥系でも、関東と関西では、人間関係、メンタリティー、社員教育などなど、相当に異質である。だから、お互いに足りないところを補いあうために合併したとしても、社風があまりに違いすぎる場合には、合併はかなりの困難を伴う。

「たほう、言語も風習も制度も異なる地域の領土を手に入れたばあい、そこにはいろいろな困難が待ちうけている。それを維持するには、大いなる幸運と、たいへんな努力が必要になる」（『君主論』）

したがって、合併に際しては、不足を補いあうことも大切だが、社風の相違を第一に考えに入れなければならない。

かつて、戦後の第一次金融再編で、第一銀行頭取の長谷川重三郎が独断専行し、三菱銀行との合併を画策したことがあったが、このとき、第一銀行の会長の井上薫やOBは、相手が財閥系銀行であることを理由に猛烈な反対運動を展開し、大蔵省の意向に逆らいながら、合併をご破算にして、相手を日本勧業銀行に組み換えることに成功した。この時代には、まだ、ベテランのバンカーたちは、社風というものの重大さを十分に認識していたのである。

しかし、かつてない規模のデフレが進行し、リストラが最優先される現在では、社風の違いなどを考慮に入れる余裕がないのか、合併相手の選択は、ほとんどお見合いパーティーにおける売れ残り同士の組み合わせの様相を呈している。これでは、合併がうまくいくはずがない。なかでも、完全に異質なもの同士の合併である三菱東京UFJの前途は決して容易ではないように思われる。

では、社風が似ている同士の合併ならすべてうまく運ぶのかといえば、征服者の側が次の二つの点に注意しないと、融合が不首尾に終わるケースも出てくる。マキアヴェリは言う。

「こういう国［言語や風習の似た国］を征服した君主は、国の保持にあたっては、とくに二つの点に気をつけなくてはいけない。一つは、領主の昔からの血統を消してしまうこと、もう一つは住民たちの法律や税制に手をつけないことである。こういうやり方をすれば、きわめて短期間に、新領土は旧来の国と一体になって密着してくる」（『君主論』）

旧領主の血統を根絶やしにしてしまうというといかにも残酷に聞こえるが、会社の合併や乗っ取りに当たっては、この程度のことはごく自然に行われている。すなわち、創業者一族の追放、その部下たちの左遷・降格など、前経営陣の影響力の完全排除である。ルネッサンスの時代と違うのは、実際に血が流れるか否かだけで、今回の銀行再編でも、いずれ、力関係に変化が出れば、すぐにでも、弱者の側に回った銀行の経営陣の血統はすべて根絶やしにされるはずである。

もう一つの注意事項である「住民たちの法律や税制に手をつけないこと」というのは、思いのほか重要である。というのは、合併後に生じる齟齬《そご》のほとんどは、征服者となった社長が、弱者の企業の従業員の「法律や税制」、つまり就業規則や給与体系、あるいは出世の手順、評価基準などの有形無形の決まり事を、強者の企業のそれに一元化しようとするときに生まれるからである。従業員というのは、その会社の「法律や税制」に長年親しんでしまっているので、思考法やメンタリティーまでが完全に応じて形づくられている。ゆえに、会社の「法律や税制」をいじられると、たとえ、それがささいなことであれ、猛烈に反発するのである。

では、こういう場合にはどうすればいいのか？　マキアヴェリいわく、「法律や税制」には手を触れずにおいたうえで、大いなる侮辱を与えろ、これである。

「民衆というものは頭を撫でるか、消してしまうか、そのどちらかにしなければならない。というのは、人はささいな侮辱には仕返ししようとするが、大いなる侮辱にたいしては報復しえないのである。したがって、人に危害を加えるときは、復讐のおそれがないようにやらなければならない」

（『君主論』）

このあたりの被征服者心理へのマキアヴェリの洞察は恐るべきものがある。げんに、われわれは、戦後、進駐軍の乱暴狼藉には反発したが、それでも、マッカーサーに対してレジスタンスを組織しようなどとは夢にも思わなかった。直立不動の昭和天皇の横に並んだコーンパイプ姿のマッカーサーの写真を目にした日本人は、そこに「大いなる侮辱」を感じて、それこそグウの音も出ないまでに打ちのめされてしまったのである。

したがって、合併を推進する社長としては、ささいな嫌がらせや恫喝はできるかぎり控えるようにして、もし、どうしても社員に絶対服従を要求しなければならないことがあった場合には、いきなり、ドカンと、「大いなる侮辱」を加えるべきだということになる。

第四講　合併するならワンマン経営の会社を狙え

もっとも、マッカーサーの日本占領政策に関していえば、その成功は、たんに「大いなる侮辱」だけに負うものではない。むしろ、占領された日本という国の体質に起因している部分が大きい。つまり、絶対的な天皇制国家であったからこそ、逆に、占領・統治が容易に運んだのである。そして、この事例は、まさにマキアヴェリの主張する通りなのである。

「まず人の記憶に残るかぎりの君主国は、すべて二種類の様式で統治されている。

すなわち、その一つは、一人の君主がいて、そのほかはすべて彼の公僕からなる。（中略）もう一つは、一人の君主と封建諸侯からなるもので、諸侯は、君主の引き立てとは無関係で、それぞれ昔からの血縁によってその地位を保っている。（中略）こうした二種類の違った政体の例としては、現代ではトルコとフランス王のばあいがある。

トルコの国は、現在、一人の為政者の手で治められており、ほかはみな彼の公僕である。（中略）いっぽうフランス国王は多くの年来の諸侯に取り巻かれている。諸侯は、それぞれがおのれの領民から主君と認められ慕われている。（中略）したがって、この二ヵ国を比較してみると、トルコの国を征服するには大きな困難をともなうが、征服してしまえば、国の保持がいたってらくだと知れよう。〔逆に、フランスの国を征服するのはある面ではやさしいが、維持する段階では、大きな困難がつきまとう〕」（『君主論』）

つまり、権力が一人の人間に集中し、あとはすべて公僕であるような絶対君主国家は、一枚岩の団結を誇るから、これを征服するのはそうとうに大変だが、いったん、征服・占領してしまえば、民衆は支配され、命令を受けることになれているので、統治は意外に楽である。戦前の日本の場合がまさにこれに当たる。

これに対し、権力が分散し、いくつも党派があるような国では、征服・占領は、その分裂につけこめばいいので簡単だが、いざ統治しようとすると、従う者もいるが、不満をいだいて反抗する者も存在し、いろいろと困難が生まれる。ナチスに占領されたフランスがいい例である。

このマキアヴェリの言葉は、合併や乗っ取りを図ろうとする野心的な社長にとって、きわめて有益なサジェスチョンとなる。

すなわち、合併や乗っ取りの対象として狙うべきは、創業者がワンマン体制を敷いていて、社内に敵対勢力がないような同族経営の会社だということである。こうした会社では、「会社のために」というのがイコール「社長のために」なので、合併や乗っ取りの段階では、激しい抵抗が予想されるが、いざ、合併・乗っ取りに成功し、創業者一族をパージしてしまえば、社員は絶対服従のメンタリティーを持っているので、新しいボスに対しても、自動的に従ってしまうのである。松田一族が長年同族経営を続けてきたマツダにフォードが乗り込んだとき、きわめてスムーズに社員が従ったのは、もともと、そうしたメンタリティーがあったからではないかと思われる。

反対に、合併や乗っ取りの相手として考えてはならないのが、権力のありかが分散し、年中、社内抗争を繰り広げているような会社である。こうした会社は、合併や乗っ取りをするのは、一部の勢力を懐柔するだけでよいので、比較的簡単だが、合併・乗っ取りしたあとの戦後処理は容易ではない。とくに、その社内派閥が、主力銀行、指導官庁、系列の親会社などの社外権力の影響下にあり、リモート・コントロールを受けている場合には、その外部権力とも戦う必要が出てくるので、統治は多くの困難を伴う。ときによっては、こうしたリモート・コントロールのほかに、組合が巨大な権限を持ち、なにごとも組合委員長に相談しなければ事が進まないような仕組みになっている会社さえあるから、合併・乗っ取りに当たっては、事前調査を念入りにし、権力構造を分析してかかるべきである。

高杉良氏の短編『社長解任』という企業小説では、商工省を退官した主人公が、東邦繊維の社長である官庁の先輩に口説かれて後継社長となったはいいが、大株主のK銀行と労組委員長の息のかかった専務たちからさまざまな形でイジメにあい、退陣せざるをえなくなる様を描いている。権力が分散され、派閥の多い会社では、外部からやってきた社長は、八方気を配らねばならず、相当に苦労するという良い例である。

また、こうした派閥のある会社とはいささか異なるが、社風が自由で、社員や労組が比較的強い発言力を持って、経営陣と対立している会社も、合併・乗っ取りは避けたほうがいいようだ。

「これまで自由な生活になじんできた都市の支配者を志しながら、その都市を滅ぼさない人間は、逆に都市から破滅させられるのを待つがいい。こうした都市では、自由という名分や従来の制度が、逃げ場となって、たえず反乱が起きるものである。この事がらは、いくら歳月がたっても、いくら新君主が恩恵を与えても、民衆の記憶からけっして消え去りはしない。征服者がなにを行っても、どんなに対策を講じても、そこに住む市民がちりぢりになるか、一掃されてしまわないかぎり、自由の名や旧制度が忘れられない。つまりは、何か事が起きれば、市民はすぐにそれに期待をかけようとする」（『君主論』）

一九七八年に住友銀行と合併するはずだった関西相互銀行（現在の関西アーバン銀行）が、従業員組合の強い反対で、合併を取りやめたのを始めとして、最近のバンダイの合併騒動などを見てもわかるように、社員の力の強い会社が相手の場合には、吸収合併を図ろうとする強者側が苦労するケースが多い。

この手の「自由な生活になじんできた」会社を敢えて合併しようとするときには、その会社を「滅ぼす」、つまり、従業員を全員解雇して、誓約書を書かせたうえで、再雇用するというかたちを取るしかない。しかし、マキアヴェリの言う通り、それでも、問題は起きるから、この手の会社は、やはり初めから、合併や乗っ取りは避けたほうが賢明のようだ。マキアヴェリが、冒頭に引用した併合が容易なケースを述べた文の中で、「しかも領民がこれまで自由な暮らしに馴染みのないばあいには」と条件を付け加えているのは、こうした事情による。

ただ、こうした「自由な生活になじんできた」会社を相手とする場合でも、マキアヴェリに言わせると、一つだけ方法がある。

「もっとも効果的な対策の一つは、征服者が現地におもむいて移り住むことであろう。この方策をとれば、領土の保持がより確かなものとなり、より永続しよう」

（『君主論』）

これを企業合併に当てはめると、吸収合併を図った強者の会社の社長が、たんに専務や副社長を送り込むのではなく、本社機能ごと、その会社に移転させて、自ら敵陣の真っ只中に乗り込むことを意味する。これを実践しているケースは現実には少ないと思われるが、実行すれば、威力を発揮することは確かである。

「現地に住みつけば、不穏な気配が生じてもそれを察知して、すみやかに善後策が立てられる。その反面、離れていれば、やっと耳に入るのは、暴動が大きくなってからで、策の打ちようがなくなってしまう。（中略）領民にしても、いつ何時でもじきじきに君主に救いが求められるので安心していられる。しかも領民が素直に服していれば、君主をよりいっそう慕う拠りどころがあるわけで、かりに逆心をいだいたとしても、君主を恐れる素地ができてしまっている」（『君主論』）

これからは、進行するデフレとともに、ますます企業合併・吸収が盛んになるだろう。そうなると、どうしても合併がうまく運びそうもない会社を相手にしなければならないケースも出てくる。このときには、合併相手の会社に社長が乗り込んで、その会社の社員に睨みを利かせると同時に、信頼を勝ち得るほかはない。ちょうど、明治維新のときに、京都から江戸に明治天皇が移り住んで、東京と改めたように。

合併を成功させるか否か、その成否のカギはすべて『君主論』の中にある。

第三章

第五講　傭兵軍（間接金融）について

『君主論』はなにぶん十六世紀フィレンツェのメディチ家当主ロレンツォ二世に献じられたものなので、そのまま読むと、日本の社長のための帝王学として応用できそうもない部分もまま見受けられる。たとえば、自国軍や傭兵軍などの軍隊に関する次のようなくだりだ。

「みずからの武力をもっていなければ、どんな君主国であっても安泰ではない。いやむしろ、ひとたび逆境ともなれば、自信をもって国を守っていく力がないから、なにごとにつけ運命まかせになる」（『君主論』）

会社経営に武力はいらぬから、こんな部分は飛ばし読みしてしまえと考える人が多いだろうが、それは間違っている。国にとっての武力が、会社にとっての何に当たるかを考えてみれば豊かな教訓が引きだせる。すなわち会社にとっての武力とは、ストックとフローを含めての金である。「金がなければ、どんな会社でも安泰ではない」。これほどに当たり前の教訓もないだろう。

では、武力（金）にはどのような種類があると、マキアヴェリは言っているのか。

「君主が国を守る戦力には、自国軍、傭兵軍、外国支援軍、混成軍とがある。傭兵軍および外国支援軍は役に立たず、危険である。ある君主が、傭兵軍のうえに国の基礎をおけば、将来の安定どころか維持もおぼつかなくなる。というのは、傭兵は、無統制で、野心的で、無規律で、不忠実だからである」（『君主論』）

自国軍や外国支援軍が何に相当するかはさておいて、傭兵軍について考えてみると、これは間接金融、つまり、銀行や信用金庫、リース会社などの金融機関からの借入金、とくに短期の手形でまわる借入金に相当するのは明らかである。この傭兵軍（間接金融）は、こちらがもっとも戦力を必要としているときに役に立たないばかりか、手ひどい裏切りを働くから、きわめて危険だと、マキアヴェリは言っているのである。

そのわかりやすい例は、最近とみに話題になっている、銀行の「貸しはがし」である。すなわち、数年前のＢＩＳ（自己資本率）規制に加えて、最近の不良債権処理の号令のもとに金融庁から引当金を命じられた金融機関は、引当金を積むのがいやさに（あるいはその余裕がないため）、融資の更新を拒否したり、融資金の一括返済を求めたりしだしたのである。以前は、それでも追加融資の「貸ししぶり」だったのが、いまは融資の「貸しはがし」に変わっている。森永卓郎氏の『日本経済50の大疑問』（講談社現代新書）には、この実態が次のように書かれている。

「日本ではこれまで、三ヵ月から六ヵ月の短期の融資をしておいて、期限が来たら『ロールオーバー』といって、同額で融資を更新するのが慣例でした。ところが、ある日突然、ロールオーバーを拒否する。これが「貸しはがし」の基本的なパターンです。たしかに期限は期限ですが、あてにしていた企業にとってはたまったものではありません。悪質な例では、『とりあえず返してください。新規融資は通っていますから』などと言って融資をはがしておいて、『実はおたくは本部の扱いに変わったんです。で、本部が渋ってるんですよね』と言って新規の融資を出さない。そのおかげで運転資金に詰まって破綻するケースもありますから、中小企業が怒るのも当然です」

最近、次々と出版される「倒産社長の懺悔録《ざんげろく》」の類いを読むと、ほとんどの社長が銀行のこの手口で倒産に追い込まれたと語っている。一時はインターネット・ビジネスの風雲児ともてはやされ、「ニュービジネス大賞」を受賞したこともある板倉雄一郎氏の『社長失格　ぼくの会社がつぶれた理由』（日経ＢＰ社）には、右の引用を裏付ける次のような記述がある。

「住友銀行の態度の急変は気にかかっていたが、一方では住銀インベストメントが三〇〇〇万円の増資に応じてくれている。改善がこのまま進めば、再び良いほうに話が進むだろう。例の大型融資も現実化するにちがいない――、そう思っていたのだ。

さて、ちょうど増資が成功した三月初め。取引銀行から相次いでアポイントメントがあった。

最初に連絡してきたある銀行はこういってきた。ＢＩＳ規制の関係で貸出資産を圧縮しなければならないので、三月末の（銀行側の）決算をまたぐ間、〝いったん〟可能な額を返済してほしい。（中略）

他の銀行のせりふも基本は一緒であった。どこも狙い澄ましたようにほぼ同じ週に連絡してきて、三月末までに可能なかぎりの返済を〝いったん〟お願いしたい、と言ってきた。ちなみに、住友銀行も同じようなことを要求してきた。（中略）

ぼくは、ここではじめてハイパーネットの危険を感じた。このままではつぶれる。住友銀行はメインバンクだ。そこがもう貸せない、といっているのだ。放っておけば資金繰りが頓挫する。そうなったら短期融資でつないでいるこの会社はおしまいだ。倒産。ぼくの頭の中でこの二文字が浮かび上がった」

このように、傭兵軍（間接金融）は、傭兵隊長（メイン・バンク）が形勢不利と判断して敵前逃亡を図ると、他の傭兵（銀行）たちも右にならえとばかり、いっせいに戦線を捨てて逃げ出すのである。もちろん、こちらの都合などいっさいおかまいなしで、自分たちの安全だけが彼らの関心事である。

「彼ら［傭兵軍］は、あなたが戦争をやらないうちは、あなたに仕える兵士でありたがる。だが、いざ戦争になると、逃げるか消え去るかどちらかになる」

（『君主論』）

この言葉は、間接金融の本質をなんとも見事に言い当ててはいないだろうか。銀行というのは、雨の降らないときには傘を貸したがり、雨が降ると、傘を奪い去るといわれるが、これは、間接金融が傭兵軍であることからくる性質なのである。

右の板倉氏も、最初にハイパーネットを立ち上げたときには「住友の話を皮切りに、あっけなく資金調達は完了した。結局九六年中に銀行からおよそ二十億円、リースではおよそ十億円を調達することになった」と述べている。これも、住友という傭兵隊長が、戦争はないと判断して参加したのを見た他の傭兵たちが付和雷同的に加わっただけにすぎない。板倉氏は、本の中で、倒産の原因がここにあったことを自ら指摘している。

「ぼくの失敗の原因が実はここにあった。

多くの金融機関はぼくにカネを貸したのではない。ある意味で最初にバックについた住友銀行の看板に貸したのである」

ところで、こうした板倉氏の失敗は、なにも彼一人に限ったことではない。日本中の社長の失敗でもあるのだ。いや、日本の経済そのものの失敗であると言っても決して言いすぎではないのである。マキアヴェリは、その点に関して、次のように断定している。

「今日のイタリアの没落は、永年にわたって、傭兵軍のうえにあぐらをかいてきたのが、原因にほかならない」

（『君主論』）

そう、今日の日本経済の没落は、どの会社も間接金融のうえにあぐらをかいてきたのが原因にほかならないのである。

第六講　外国支援軍（第三者割当増資あるいは株式譲渡）について

マキアヴェリが傭兵軍とならんで危険視している兵力は外国支援軍である。

「もう一つの役に立たない戦力として、外国からの支援軍がある。これは、あなたが他の有力君主に、軍隊の支援や防衛を求めるときのことである。（中略）この種の軍隊はそれ自体は役に立ち、悪くはないのだが、おおかた招いた側に禍いを与える。なぜなら、支援軍が負けると、あなたは滅びるわけで、勝てば勝ったで、あなたは彼らの虜《とりこ》になってしまうからだ」

（『君主論』）

傭兵（間接金融）が当てにならず、敵前逃亡を図ったとき、ほとんどの社長は、金融機関以外に支援を仰ごうとする。下請けの場合は親企業や兄弟企業、それでもだめなときは、同業のライバル企業、さらには外資でもなんでもかまわないから、資金を貸してくれるように頼む。

そのさい、いろいろな方法があるが、その一つに増資で切り抜けるというのがある。これは一見すると、自国軍のように見えるが、じつはそうではない。第三者割当増資なら、外国支援軍の受け入れ数を大きくすることになるから、「おおかた招いた側に禍いを与える」ことになりかねないのである。

しかし、資金繰りが切羽詰まっているときには、増資に応じてくれる相手を見つけるのは容易ではない。そこで、しかたなく、社長の所有株の一部を買い取ってくれる企業や個人を探すことになるが、こうなったら、もはや、外国支援軍は大手を振って国内（社内）に入り込んでくるから、たとえ、この資金導入がカンフル剤となって会社が立ち直ったとしても、その会社はもう社長のものではなくなっている。「勝てば勝ったで、あなたは彼らの虜になってしまう」のである。

「こういうわけで、勝ちたくないと思う人は、せいぜい外国の支援軍を利用する

といい。外国支援軍は、傭兵軍よりはるかに危険度が高いのである。（中略）
要するに、傭兵軍のいちばん危険なことは、彼らが怖気《おじけ》づくことであり、外国支援軍においては、彼らが勇猛に走るときである」（『君主論』）

同じ直接金融でも、第三者割当増資や株式譲渡による資金導入では、そのことによって業績がV字回復すればするだけ、社長の影響力は衰え、最終的には、乗っ取りや合併への道を開くのである。

第七講　自国軍（ストック・オプション）について

傭兵軍（間接金融）は頼りにならず、外国支援軍（第三者割当増資あるいは株式譲渡）はもっと危険ということになったら、自国軍を形成するには、内部に手持ち資金をプールするしかないことになるが、しかし、会社というのは、儲かったら儲かったで株主に配当を出さなければならないから、限りなく社内留保を続けているわけにはいかない。

つまり、自国軍に頼るといっても、なかなか無借金経営をつづけていくことはできないのである。したがって、マキアヴェリの言う自国軍については、かならずしも社内留保金のことと理解しなくてもいい。

では、マキアヴェリはどのようなものを指して自国軍と呼んでいるのだろうか?

「ここでいう自国軍とは、家臣とか市民、あるいはあなたが庇護する人々によって組織された軍事力である」

（『君主論』）

さて、これを会社の資金調達に当てはめるとすると、どのようなことになるだろうか。家臣（重役）や市民（社員）、あるいはあなたが庇護する人々（下請け企業の社長）などから資金を調達すること、つまりストック・オプション（自社株買い）ということになる。具体的に言えば、増資や株式譲渡のさいには、社員にこれを買い取ってもらい、社員から資金を得るということだ。

だが、資金繰りが行き詰まり、倒産の危機が迫っているときに、はたして、ストック・オプションに応じる社員などいるのだろうか? 例外はないわけではない。社員が社長を深く尊敬し、苦楽をともにしようと決意している場合には、社員が自社株購入団を組織してストック・オプションに応募してくれるというケースもある。少なくとも、戦前には、こうした美談は少なくなかった。

しかし、その場合には、一つ条件がある。社長が平素からストック・オプションを奨励しているということである。ストック・オプションというのは、社員のやる気を引き出す面もあるが、ストック・オプションの比率が大きくなりすぎると、社内での社長の発言権が相対的に低下するので、これを嫌う社長もいるのだ。いいかえれば、猜疑心《さいぎしん》が強く、社員を信用していない社長はストック・オプションを敬遠する傾向が強いのである。

だが、マキアヴェリはきっぱりとこれを否定する。

「新たに君主になった人で、領民の武装を解いてしまった者は、これまで一人としていない。いやむしろ、領民が非武装なのを見た新君主は、きまって彼らを武装させた。それは領民を武装させれば、その兵力がそのままあなた自身のものになるからである。そのうえ、あなたに下心をもっていた者が忠実になり、もともと忠誠を誓った人々をもそのままの形で引きつけておける。こうしてたんなる領民が、あなたの支持者にかわる」

（『君主論』）

だが、そんなにおいそれと、社員全員をストック・オプションに応じさせることができるだろうか？　できるというのがマキアヴェリの答えだ。

「かりに領民すべての武装化ができなければ、武装した一部の人々にだけ、特別の恩恵をほどこせば、他の者については、さらに安心して対処できる。しかも、武装した人々は、彼らが受けた処遇の差を知って、いっそうあなたに恩義を感じるだろう。いっぽう、他の者にしても、前者が危険度が高く、責任もより重いのを知って、褒賞がいちだんと厚いのもやむをえないと解釈して、あなたの態度を許してしまう」　（『君主論』）

もちろん、ストック・オプションに頼るときには、会社の財務状態を完全にオープンにしてから、社員に判断を委ねるのは当然の義務である。そのさい、問題は、社長が社員からどの程度信頼されているかということになる。これがなければ、最も頼りになる自国軍の創設はおぼつかない。危機のときほど、社長の器が問われるのである。

第四章

デフレを克服して回復に向かったかと思われた日本経済がふたたび低迷している。新聞の経済面を開くと、社長交代を伝える記事に出くわさない日はない。最近は、社長、会長という区別だけではなく、ＣＥＯとかＣＯＯとか、いろいろと紛らわしい新語も登場しているが、ここではいちおう社長という言葉を一般社会通念における使い方、すなわち企業ないしは企業グループの最高経営責任者（つまりＣＥＯ）と見なすことにしよう。

そうすると、その新たに社長の座についた者にとって、『君主論』はまたとない学習の書となる。なぜかというに、新社長がどのような抱負を抱いて改革を目指していようとも、その人物がどのようにして社長の座についたのかというその経緯によって、新社長のできることは初めからある程度決まっているというのである。

マキアヴェリは新君主を次の四つのケースにわける。

①みずからの力量によって君主となったケース
②他人の武力や運によって君主となったケース

③悪辣な行為によって君主となったケース
④一市民が仲間の市民の後押しで君主となったケース
今回の講義ではこの四つのケースのうち、最初の二つの可能性について見てゆくことにしよう。

第八講　みずからの力量によって君主（社長）となったケース

みずからの力量によって君主（社長）となったケースというのは、会社を創設し、大きく発展させた創業社長のほかにも、社内で圧倒的な業績を残して、だれが見ても文句のつけようもないかたちで社長に昇進した場合も含まれる。また、自分の金で他の会社を乗っ取り、社長となったケースもここにいれてよい。とにかく、誰の手助けも、金も借りずに、社長になったという点が重要なのである。こうした君主（社長）には、当然ながら、マキアヴェリも最高のポイントを与えている。

「力量によって君主になった人は、国の征服にさいして困難がつきまとうが、国の維持はたやすい」
（『君主論』）

一見すると、あまりにも当たり前の言葉のように思える。力量のある新社長なら、会社の経営も簡単なのはいうまでもないからだ。しかし、マキアヴェリが言っているのは、そのことではない。「力量によって君主になった」ということは、それまでの過程で、つまり社内抗争で多くの敵対者をなぎ倒してきたか、あるいは、会社の乗っ取り・買収で、敵（旧経営陣）と正面から戦ってきたということを意味しているのである。いいかえれば、みずからの力量で社長になる場合は、それ以外の方法でなる場合よりも、確実に、敵は多くなるのだ。「国の征服にさいして困難がつきまとう」とは、このことを指している。

しかも、多くの敵を制圧して社長になるということは、敵とは正反対の経営方針を打ちだすということを意味する。いいかえれば、みずからの力量によって社長となった人はたんに人事を一新するばかりでなく、画期的な経営を試みざるをえない。マキアヴェリは、これが一番むずかしいと言う。

「征服するときは、国を興して安泰をはかろうとして、必然的に新しい制度なり手法をもちこむが、征服時のむずかしさはある程度、そこに起因する。ともかく心得なくてはいけないのは、新しい制度を独り率先してもちこむことほど、この世でむずかしい企てはないのだ。またこれは、成功のおぼつかない、運営の面ではなはだ危険をともなうことでもある」

（『君主論』）

つまり、みずからの力量によって社長になり、刷新を目論む人であればあるほど、社内の完全制圧まではより多くの困難に出会うということなのだ。これは会社ではないが、小泉内閣はそのよい例である。小泉内閣の困難は、いわゆる抵抗勢力のようなものからだけ来るのではない。一見、改革を支持する味方のように見える人たちによっても、もたらされるのである。

「というのは、これをもちこむ君主は、旧制度でよろしくやってきたすべての人々を敵にまわすからである。それに、新秩序を利用しようともくろむ人にしても、ただ気乗りのしない応援にまわっただけである。この連中の微温的態度は、一つには古い法律にがんこにしがみつく敵対者への恐怖心が働き、もう一つには、人間の猜疑心《さいぎしん》、つまり、確かな経験を積むまでは新しいことを本気で信じようとしない気持からくる。このため、敵にまわった者は、攻撃の好機到来とみれば、いつでも仲間意識をむきだしにして立ちむかってくる。こちらのほうの連中はいい加減な気持でしか、君主を支えようとはしない。とどのつまり、新君主はこんな連中といっしょに窮地に立つ」

（『君主論』）

この指摘は、ポスト小泉と目されている安倍政権についても同じように当てはまるだろうが、とりあえず話を社長のことに限ろう。

現在、会社の最後の切り札と見なされて、数階級特進で抜擢された実力派の新社長がひとしなみに直面しているのが、次のような状況である。すなわち、新社長の打ち出した改革に敵対する幹部も、またそれを気乗り薄ながら支持する幹部も、抜本的な改革が必要だということは認めながらも、それが自分たちの職域と直接かかわってくるとなると、反対に回るのだ。いわゆる総論賛成、各論反対というやつである。

しかし、本当のことをいうと、新社長にとっての敵は、こうした幹部連中ではない。真の敵、それは一般民衆、つまり平の社員たちなのである。マキアヴェリは言う、君主が最も警戒しなければならないのは「民衆の気質が変わりやすいこと」であると。

「つまり、民衆に何かを説得するのは簡単だが、説得のままの状態に民衆をつなぎとめておくのがむずかしい」（『君主論』）

ふたたびポスト小泉政権を引き合いにだすとすれば、民衆に、抜本的な構造改革が続けて必要だと「説得する」ことは意外に簡単だろう。民衆は、そうなのかと納得して、圧倒的な支持率で内閣を支えるはずだ。しかし、たしかに説得はされたが、いっこうに構造改革が進んだようにも見えないし、また景気が回復したとも感じられない以上、「説得のままの状態」に居つづけることはできないのだ。民衆の気持ちは変わりやすいのである。

これと同じように、新社長が、リストラを含む新しい経営方針を説明すれば、社員は説得はされるだろう。だが、それによって自分たちの労働条件が悪くなり、賃金も下がるいっぽうだとすれば、はたして社長の改革を支持しつづけるだろうか？　国家なら民衆が他の国に逃げ出すということは起こりえないが、会社なら、リストラが始まると同時に、優秀な社員から先にやめてゆく。新社長がいかに画期的な改革路線を打ち出しても、それを支えてくれる社員がいなくなったら、改革は進まなくなるのである。

さらに、事態を困難にするのは、改革によって会社がよくなるだろうという希望を一般社員が抱いてしまうことである。この希望こそが禁物なのだ。というのも、裏切られたと感じたとき希望は憎しみに変わるからだ。

「難しさとは、新君主国では、民衆は以前よりよくなると信じて、すすんで為政者を変えたがるものであり、この信念で、武器を手にして為政者に立ち向かってくる」

（『君主論』）

このとき新君主（社長）はどうすべきか？　早期に正しく、大弾圧を加えるしかない、とマキアヴェリは言う。

「人々がことばを聞かなくなったら、力でもって信じさせるように、策を立てなければならない」

（『君主論』）

しかも、反抗はできるかぎり萌芽のうちにつぶしておくべきなのだ。

「危害というものは、遠くから予知していれば対策をたてやすいが、ただ腕をこまねいて、あなたの眼前に近づくのを待っていては、病膏肓《やまいこうこう》に入って、治療が間にあわなくなる」

（『君主論』）

しかし、もしこの危機を切り抜けることができたなら、新社長の権力はしっかりと確立され、経営は安定するのである。

「それらの危険をひとたび克服し、自分の立場に妬《ねた》みをいだく連中を滅ぼして、尊敬されはじめると、彼らの勢力は強くなり、安定し、栄光と繁栄をみる」

（『君主論』）

第九講　他人の武力や運によって君主となったケース

現在の日本の大企業の社長交替をつぶさに観察していると、ほとんどがこのケースである。すなわち、上にいた社長、会長、それに重役たちが業績不振でいっせいに退陣したり、スキャンダルで全員失脚したりして、本来ならとうてい社長の器ではない者が運のよさだけで社長になるケース、あるいは、メイン・バンクや親会社、さらには新たに資本提携した相手先企業の意志によって、つまり他人の武力（金）によって社長に祭り上げられたりしたケースが圧倒的に多い。こうした社長の場合、前途はまことに多難であるとマキアヴェリは言う。

「一私人の身から、ただ運に恵まれただけで君主になった人々は、労せずして君位を得たとしても、国の維持にあたっては大いなる苦難にみまわれる。つまり、その地位に飛び立つようにしてありついたものだから、彼は途中ではなにひとつ障害にあわない。だが、ついたとたんに、ありとあらゆる困難におそわれる。それに、金銭によって、あるいは他人の好意で国を譲られた人々のばあいも同じである」

（『君主論』）

よくあるのは、ワンマンの創業社長が業績不振で退陣しながら、そのまま代表権を持つ会長（CEO）に横すべりし、若手を社長に抜擢するケースで、なにかと話題になるユニクロなどはこの典型である。この場合、新社長が業績不振を打開するような画期的な経営方針を打ち出そうとしても、そして、たとえそれが業績回復につながるようなものだとしても、もしそれがCEOの気にいらなければ、即座に首が飛ぶ。また、資本提携した相手先の意志によって社長となった者も、意向にそわない改革を行ったときには、同じような運命が待っている。いったん前線を退いたはずの会長が社長に復帰するケースがやたらに多いのは、それをよく物語っている。

「こうした人々は、ただ国を譲り渡してくれた人物の好意と運に恵まれたにすぎないが、この二つはいずれもきわめて変化しやすい、不安定なものである。それに彼らは地位を保つ術《すべ》を知らないし、保てもしない。術を知らないというのは、彼らはこれまで一介の市民の境遇でずっと暮らしてきたから、よほどの才能や力量の持主でもなければ、人に命令するのがわからないのも無理からぬことである。また、地位を保てもしないというのは、彼には味方となり、忠誠を誓う武力がないからである」（『君主論』）

では、こうした「他人の武力や運による」新社長はどうすればいいのか？　基礎工事にすみやかに着手し、短期間で完成せよとマキアヴェリは言う。

「人は、はじめのうちに基礎工事をしておかないと、あとになって基礎づくりをしても、多大の努力がいることになる。しかも、そのばあいは、建築家の苦労もさることながら、建造物そのものに危険がおよぶ」

（『君主論』）

では、基礎工事とは何ぞや？　マキアヴェリは、ローマ教皇アレクサンデル六世の息子のヴァレンティーノ公、つまりかの悪名高いチェーザレ・ボルジアを理想的な例としてあげる。父によってロマーニャ公に封じられたチェーザレ・ボルジアは、ローマの二大勢力であったオルシーニ家とコロンナ家の貴族を買収したり、征服した領土の君主の血統を根絶やしにしたり、あるいは枢機卿会議で多数派工作をしたりと、さまざまに陰謀をはたらかせる一方で、支援をあおいでいたフランス軍からは距離を置いて、自国軍を増強するというように、着々と「基礎工事」を固めていった。

これを、新社長と会社とのアナロジーで眺めれば、どういうことになるのか？　まず、社内の大きな派閥の幹部を金銭・地位その他の手段で手なずけると同時に、合併・吸収した子会社などの創業一族を追放し、重役会議での多数派工作をしておいたうえで、ロ出しをしたがる資本提携先との関係を清算し、紐付きでない資金を得る算段をしておく。さらにいうならば、CEOの会長の恩義にあずかっていない無色のテクノクラートを幹部に取り立てて、社長派派閥の増強につとめることも忘れてはならない。また、会長が築いたのとは別の人脈を開拓することも必要である。

しかし、これだけでは、基礎工事が完了したと考えるべきではない。君主にとって最も大切なのは民衆の支持を取り付けることである。つまり、陰謀ばかりではなく、一般社員の忠誠心を獲得しなければならないのだ。

「敵から身を守ること、味方をつかむこと、力、あるいは謀《はか》りごとで勝利をおさめること、民衆から愛されるとともに恐れられること、兵士に命令を守らせて、かつ畏敬されること、君主にむかって危害におよぶ、あるいはその可能性のある輩《やから》を抹殺すること、旧制度を改革して新しい制度をつくること、厳格であると同時に、丁重で寛大で闊達《かったつ》であること、忠実でない軍隊を廃止し、新軍隊を創設すること、国王や君侯たちと親交を結び、あなたを好意的に支援してくれるか、たとえあなたに危害を加えようとしても二の足を踏むようにしておくこと」

（『君主論』）

いずれにしても、新社長となったら、ただちに基礎工事に着手すると同時に、一般社員の気持ちを掌握することが大切なのである。棚からぼた餅の社長であればあるほど、この点を心掛けるべきなのである。

第十講　悪辣《あくらつ》な行為によって君主となったケース

ここでマキアヴェリの言う「悪辣な行為」というのは、他の権力者たちを騙し討ちによって皆殺しにして君主となる場合のことを指すが、現代では暴力団でもさすがにこういうことはない。

したがって、「悪辣な行為」とは、株主総会や重役会議で陰謀を巡らし一気に会社の権力を握る社内クー・デターのことと理解しておくといい。つまり、あくまで商法に則った社長解任劇ではあるが、そこにはさまざまな計略が働き、裏での工作が行われている。古くは三越デパートでのクー・デター、新しいところでは、東京スタイルの株主総会でのクー・デター未遂劇などがある。

マキアヴェリはこうした行為によって君主となった者たちについては、一応、「たとえこういう手段で支配権を握ることはできても、栄光を手にすることはできない」とか、あるいは「数知れない彼の悪辣な行いに見られる獣のような残虐さと非人間性は、卓越した英雄の列に入ることを許すものではない」などと、非難するそぶりを見せてはいる。しかし、実際には、マキアヴェリは、この種の君主を決して否定してはいない。なぜなら、次のように疑問を呈しながら、むしろ、彼らのある者を強く肯定する用意をしているからである。

「で、アガトクレスなどの人物が裏切りや残虐のかぎりをつくしたのに、彼らはそれぞれ自分の領土で長らく安穏に暮らした。よく外敵をふせぎ、いちども市民の謀反にあわなかった。それはいったい、どういうことか。一般に、僭主の多くは、その残酷さゆえに、むずかしい戦時はいうにおよばず、平時でさえ国が保持できないでいる。それなのに彼らは、どういうわけでそう暮らせたのか」

（『君主論』）

ここからもおおよそ想像がつくように、『君主論』でマキアヴェリが展開しようとしているのは、君主となるための方法論ではなく、君主となってからの統治の技術論なのである。ゆえに、君主になってからの困難さの比較はするが、君主にどうやってなったかという問題は価値判断の対象とはならない。要は、君主として、いかに安泰に国を支配し、運営してゆくかだけが重要なのだ。

ただ、悪辣な行為（クー・デター）によって君主となった者は、他の方法で君主になった者と比べて、独特の統治の技術を要するというのである。では、その統治の技術とはなんなのか？ 以下はすでに、第一章で引用した文章とはいえ、この文脈で読むと、より正しくその真意をつかむことができる。

「両者の差異の原因は、残酷さがへたに使われたか、りっぱに使われたかの違いから生じると、わたしは思う。ところで、残酷さがりっぱに使われた——悪についても、りっぱに、などのことば遣いが許されれば——、というのは、自分の立場を守る必要上、残酷さをいっきょに用いて、そののちそれに固執せず、できるかぎり臣下の利益になる方法に転換するばあいをいう。一方、へたに使われたとは、最初に残酷さを小出しにして、時がたつにつれて、やめるどころかますます激しく行使するばあいをさす。第一の方式を尊重していく者は、アガトクレスに恵みがあったように、神と民衆の助けが得られ、国の保持に適切な対策を講じることができる。だが第二のばあいは、国の維持はできなくなろう」（『君主論』）

ようするに、クー・デターで権力を掌握するのはいっこうにかまわないが、しかし、こうした「悪」の行使は一回だけにして、絶対に小出しにしてはいけないと言っているのだ。「悪」を小出しにしてだんだんとその激しさを増したりすると、民衆の恨みは次第に募って、最後には大爆発し、逆に反乱を招く。

これを会社に応用すると、次のようになる。株主総会や重役会議でクー・デターを起こして権力を握った社長は、恐怖がしばらくは社員のあいだで持続しているから、ただちに反抗を起こされるということはない。問題はそのあとだ。もし、社長がさらなる恐怖政治を敷こうとして、リストラや左遷人事を連発し、外部からの人材を強引に導入しようとすると、ひそかに反抗が準備されることとなる。

反対に、クー・デターのさいの権力奪取の有り様がいかにすさまじくとも、そのあとで、恐怖人事がいっさいなされず、社内融和がはかられ、適材適所の人選が行われるなら、そしてさらに、ベースアップや高額ボーナスの支給などの「臣下の利益になる方法」が検討されるなら、会社運営は特に支障なく進むはずだ。

「このことからも心に留めるべきは、ある国を奪いとるとき、征服者はとうぜんやるべき加害行為を決然としてやることで、しかもそのすべてを一気呵成《かせい》におこない、日々それを蒸し返さないことだ。さらに、蒸し返さないことで人心を安らかにし、恩義をほどこして民心を摑《つか》まなくてはいけない」（『君主論』）

このマキアヴェリの言葉は、なにもクー・デターを起こした社長ばかりでなく、部下を叱りつけなければならない上役にとっても大きな教訓となる。部下を怒鳴らなくてはならないときには、思い切って大きな声で激しく怒鳴ること。ただし、そのとき一回だけにとどめて、ぜったいに「蒸し返さない」ようにつとめる。部下にとって、いちばんうんざりすることは、同じ過ちを何度も蒸し返されて、ネチネチと責め立てられることである。「怒り上手」という言葉があるが、それはこの「一気呵成におこない、日々それを蒸し返さない」ということを意味する。そして、もし、次の機会に、適切なタイミングで部下を褒め、うれしがらせることができれば、怒鳴らなかったときよりも、はるかに部下に慕われるようになるだろう。人心収攬術とはこうしたアメとムチの使い分けに存するのだ。

ナポレオンは、しばしば、部下を褒める効果を大きくするために、さしたる過失でもないのにわざと怒鳴ってみせたと伝えられるが、それは、このマキアヴェリ流の人心《じんしん》収攬《しゅうらん》術を自家薬籠中のものとしていたからなのだろう。

しかし、凡庸な社長や上役は、たいていこの逆を行ってしまう。すなわち、加害行為を小出しにして、日々それを蒸し返してしまうのである。


「とかく臆病風に吹かれたり、誤った助言に従って、逆のことをやってしまうと、その人は必然的に、いつも手から短剣が放せなくなる。臣下にしても、新たな危害が間断なくやってくるから、君主に安心感がもてなくなり、君主もそうした臣下を信じるわけにいかなくなる。要するに、加害行為は、一気にやってしまわなくてはいけない。そうすることで、人にそれほど苦汁をなめさせなければ、それだけ人の憾《うら》みを買わずにすむ。これに引きかえ、恩恵は、よりよく人に味わってもらうように、小出しにやらなくてはいけない」（『君主論』）

マキアヴェリはほかのところでも、人に恐怖を与えるのはかまわないが、恨みを与えるのは避けるべきだと繰り返し述べている。恐怖は一気呵成の「悪」からくるのに対して、恨みは小出しにされた「悪」によって生じる。

その反対に、人はどれほど大きな恩恵を受けようと、すぐに忘れ、ありがたみを感じなくなる。だから、一度にどっさりと恩恵を与えたりしてはいけないのだ。ボーナスを十二ヵ月分もらってしまった社員（バブルのときには、大手出版社ではこれぐらいの賞与はよくあった。私はその妥結書を見たことがある）は、次に十ヵ月分もらってもありがたいとは感じずに、減給されたと感じるだろう。だから、恩恵は小出しにして、ありがたさを嚙みしめてもらわなければならないのだ。

しかし、凡庸な社長は、この危害も恩恵も、その加え方の手加減を誤ることが多く、それによって身を滅ぼすのである。

「また君主はなによりも自分の臣下と起居を共にして、よきにつけあしきにつけ、突発的な事態によって自分の行動が左右されないようにしておかなくてはいけない。というのは、風向きが変わって、必要に迫られて、いざ急に危害を加えようとしても間に合わないのだ。しかもそうなってから、恩恵をほどこしたりすれば、いよいよ最後のあがきと見られ、あなたの支えにならず、だれもがあなたに恩義など感じない」

（『君主論』）

第十一講　一市民が仲間の市民の後押しで君主となったケース

マキアヴェリが四番目のケースとしてあげるこの君主は、貴族の支持を受けて権力を握る場合と、民衆の支持による場合とがある。会社に置き換えれば、重役の支持と、一般社員の支持というかたちに考えることができる。

では、この二つのケースではどちらが権力維持が容易なのか。

「貴族の支援を受けて君主の地位についた者と、民衆の支持を得て君主になった者とをくらべてみると、前者のほうが君位を維持する困難がはるかに大きい。その理由は、貴族の支持で仕立てられた君主は、いずれも君主と対等だと思いこむ仲間が大ぜい周りを取り巻くわけで、君主は気ままに命令したり、操ったりはできない。これにひきかえ、民衆の支援で君位についたばあい、君主は独り自由であり、周囲に不服従の者は誰もいず、たまたまいてもごく少数である」(『君主論』)

たしかに、重役たちの支持で社長の座についた者は「だれのお陰で社長になったと思っているんだ」と、なにかにつけて恩を着せたがる重役たちに周りを取り囲まれて、思い切った改革に乗り出せない場合が多い。いっぽう、直接民主主義的な風土の、風通しのいい会社では、社員の圧倒的支持で社長に就任するケースがままあるが、こうした場合には、掣肘《せいちゅう》を加える重役は少ないので、改革がやりやすい。

ただし、後者の場合には、常に一般社員を味方につける努力を怠ってはならない。ただ、以前にも述べたように、一般社員の心というのは、まことに変わりやすい。改革が実を上げなかったり、リストラの被害が自分に及ぶとなると、とたんに、社長の方針に反対を唱え始める。ゆえに、「民衆を礎とたのむ人は、ぬかるみのうえに礎をきずくがごとし」という諺がある。しかし、それでも、民衆(一般社員)を味方につけることはどうしても必要だとマキアヴェリは断言する。

「君主が民衆のうえに土台を置き、しかも指導力があり、果断な人であって、逆境にあってあわてふためくこともなく、準備万端おこたらずに、その剛毅さと適切な措置によって衆人の心を惹きつけていけば、けっして民衆にあざむかれることはないはずである。きっと確固たる基礎が固まったと見られるだろう」

（『君主論』）

マキアヴェリにしては珍しく理想論を述べている。しかし、一般社員というあいまい模糊《もこ》とした層によって支持されている社長は、業績が順調なときはまだしも、ひとたび危機に見舞われると、まるで潮が引いたように、社員たちの心は離反し、たちまち周囲に頼れる味方がいなくなる。したがって、社員の支持で社長になった者が第一に心掛けるべきは、社員「一般」の心ではなく、「真に頼れる社員」である。社長はこうした社員を選び出し、その心をグッとつかんで離さないようにしておくべきなのである。

「いざというときには、君主が信頼のおける人間は、ほんの一握りしかいなくなる。そこで、このような君主は、平和な時代に、市民がその政権を必要としているときの上辺《うわべ》だけを見て、それを鵜呑みにしてはいけない。なぜなら、平時にあっては、誰もがみなはせ参じたり、約束してくれる。死がはるか彼方にあるときは、誰もが、わが君のために死をも辞さない、と言ってくれる。だが、いざ風向きが変わって、君主がほんとうに市民を必要とするとき、そんな人間はめったに見つかりはしない」

（『君主論』）

一般社員の支持を受けた社長ですらこうなのだから、重役たちの一部にしか推されていない社長の場合は、権力の維持はなおさら困難だ。しかし、それでも方法はある、とマキアヴェリは言う。分割して統治せよ、という原則である。貴族（重役）たちをいくつかのグループに分け、それぞれに対策を講じよ、というのだ。

「この貴族を、おもに二つの態度にわけて見てゆくことである。それは、相手の貴族が、あなたの運命と全面的に関わって身を処しているか、否か、ということである」

（『君主論』）

社長と一心同体の関係にある主流派の重役。まあ、これは、問題はないだろう。いっぽう、社長とは距離を置こうとしている重役、つまり反主流派の重役たちは警戒を要する。ただし、その手の重役にも二種類ある。これもまた分割統治する必要がある。

「結びつきをもたない貴族についても、二つの態度にわけて調べなくてはならない。一つは、彼らが小心なために、また生来のいくじなしのために、関係を避けているばあいである。このときは、彼らの内とくに一廉《ひとかど》の見識をもつ人々は登用しなくてはいけない。なぜなら、そうしておけば、あなたが隆盛に向かえば、彼らはあなたを尊敬しようとし、かりにあなたが逆境におちいっても、恐れるには値いしない。もう一つは、故意に、野心的なわけがあって、ついてこない人についてで、それは、あなたのことより、わが身を考えている何よりの証拠である。君主はこういう人々を警戒し、あたかも公然の敵とみなして、恐れなくてはならない。なぜなら、逆境に転じれば、きまって君主の破滅に力をかす人たちなのだ」

（『君主論』）

つまり同じ反主流派といっても、決断力が弱いために主流派につかない重役の場合、実力があるものは、これを登用したほうが得だが、自分が次期社長の座を狙っているような野心的な重役だったら、これははっきりと敵と見なして弾圧を図ることが必要だ。さもないと、すこしでも、社長の力が弱まると、かならずや追い落としにかかるだろう。

とはいえ、こうした分割統治で、重役たちをすべて手なずけても、もし、一般社員の人気がないのに社長となった場合には、ぜひとも一般社員の心をつかむことが必要だ。それには、恐怖政治ではなく、一般社員の待遇改善以外にない。

「じっさい、人間というものは、危害を加えられると信じた人から恩恵を受けると、恩恵を与えてくれた人に、より以上の恩義を感じるものだ。そこで民衆は、自分たちが支えて君位につけた者にもまして、いっそう好意的になる」(『君主論』)

ようするに、重役の支持による場合も、一般社員に支持された場合も、一般社員の心を掌握しないかぎり、社長の座は安泰ではないということである。

「結論として述べておきたいのは、ただ一つ、君主は民衆を味方につけなければならない」(『君主論』)

平凡な結論だが、結局はここに行き着くのである。社員なくして社長なし、なのである。

第六章

第十二講　鷹揚《おうよう》さと吝嗇《りんしょく》

女に一番嫌われるタイプは、いうまでもなくケチな男である。

「あの人、とってもケチで、ぜったいに無駄遣いしそうもないから、わたし、安心してプロポーズを受けたの」などと結婚の動機を語る女性は一人もいないのではないだろうか。ケチな男というのはバクチもやらず、借金もつくることはないから、夫としては、浪費家よりもはるかに歓迎されるはずなのに、実際は、これほどに忌み嫌われている存在はない。運よく嫁さんが見つかって結婚できたとしても、女房からは、何一つ買ってくれないケチんぼ亭主として憎悪の対象になりこそすれ、決して愛されることはない。

いっぽう、金銭に鷹揚な男というのは、やはり女にモテる。

食事は全部おごってくれ、欲しいものがあればなんでもプレゼントしてくれる。どんなときでも、一銭たりとも女に払わせることはない。そんな男からプロポーズされたら、まず女はいやな顔はしないだろう。しかし、いざ、結婚となったら、こうした男は、妻以外の女性にも鷹揚なはずだから、家計はかならずや火の車となる。浮気はしなくとも、会社で部下の女の子に昼飯をおごってやったりするから、収入は多いはずなのに、出ていく分もまた多い。また、女房にもいいところを見せようとして、頭金もないのにローンを組んで車や家を購入するから、多大な利息を払い続けることになる。その結果、収支は常にマイナスとなり、妻はパートに出て不足分を補おうとするが、それでも足りなくて、サラ金に手を出し、あげくの果てに自己破産。金銭に鷹揚なタイプの男の家庭に多いパターンである。

これに対して、ケチな男の家庭は、たんに家庭外に金をばらまかないばかりか、家庭内でも出費を惜しむから、必然的に金は貯まってゆく。家や車を買うにしても、かならず貯金をして一定額がそろってからにするので、利息も少なく、ローンも早めに払い終わって、老後も安泰である。

このように、鷹揚なタイプよりも、ケチなタイプの亭主のほうが、一家の未来は明るいはずなのに、なぜか、女はかならず前者のほうを選びたがる。将来の利益よりも、目先の利益に目がくらむからだ。また、男も、鷹揚にふるまいたがる。

ところで、いま、一家のことについていったが、この真理は、国家や会社についても当てはまる。

マキアヴェリは、これを鷹揚な君主と吝嗇な君主との対比で、縦横に語っている。

まずは、鷹揚なタイプの君主について。


「鷹揚な人物と見られるのはたしかによいことだろうと思う。だが、ふつうあなたが考えているような、気前のよいふるまいをするのは、かえってあなたに害になる。いいかえれば、そうふるまうべきものといった高邁《こうまい》な態度で、鷹揚なふるまいをすれば、やがて人からそう思われないどころか、逆に、あなたは悪評をかう。つまりは、大勢の人々のあいだで、気前がよいという評判をとおそうとすれば、必然的に奢侈《しゃし》に類する事がらから抜けられなくなる。そこで、君主はそうした奢《おご》りで、自分の全財産を使い果たしてしまう。そのうえなお、物惜しみをしないとの評判を守りつづけようとすれば、あげくのはてに民衆に異常なまでの重税をかけ、どん欲になって金銭を得ようとやっきになる。こうなると、領民に恨まれるようになり、貧乏になって、だれからも尊敬されなくなる。けっきょく、この君主の鷹揚な性質が、ごく少数の者に褒美をやって、大多数の人々を傷つけてしまう。そして、ささいなつまずきにも先ず困りはて、危機にみまわれたとたん、没落しかねない。やっと君主がこの点に気づいて、気持を引こうとすれば、今度はたちどころに、けちだという悪評がまかりとおる」

（『君主論』）

凡庸な、先を見ることのできない社長というのは、たいていが、このタイプの鷹揚な社長である。一時的な偶然のおかげで経常利益があがっているにすぎないのに、それを自らの手腕と錯覚し、その手腕を従業員に自慢をしたいがために、社員の有能無能にかかわらず大幅なベースアップに応じたり、ボーナスをはずんだりする。それだけならいいが、豪華な自社ビルを建設し、社員の福利厚生と称して、軽井沢や箱根に別荘を購入する。さらには、昔からの夢だったと、印象派の絵画の海外オークションに参加して法外な価格で落札し、「その価値からすれば安い買い物だった」などとうそぶく。あげくに、社名を冠した美術館を建設したいなどと言い出す。

また、取り巻きの部下を引き連れて銀座や六本木で豪遊し、部下にもハイヤーで帰宅することを許す。さらには、社員にも超過勤務手当をたっぷりとはずむから、だれも勤務時間中はダラダラとしてすごし、夕食をとってからようやく働きだす始末。タクシー券は使い放題で、会社の前にはズラリとタクシーの列ができる。

　ところが、ひとたび、赤字に転じると、今度は、リストラと称して、妙なところでケチケチし始める。まず、トイレットペーパーやファックス用紙の質を落とし、冷暖房も節約を呼びかける。以前はあれだけ鷹揚に応じていた接待費の還付にもいちいち文句をつけ、タクシー券の発行もめったなことでは認めない。頭にきた社員は、昔の絵画投資のことを思い出し、あんなろくでもない絵に何億円も払うくらいなら、トイレットペーパーをケチるなよと文句を言う。

　そして、こうしたケチケチ作戦のせいで社員の士気がいいかげん下がっているところに、今度はボーナス大幅カット、ベースダウンを通告するから、営業成績は一層下降する。そこで、窮余の一策として退職金優遇の早期退職者募集をかけると、有能な社員が我がちに応募し、残ったのは無能な社員ばかりになる。しかも、その社員たちも、激しく社長を憎んでいるのだから、救われない。最後は、絵画や別荘、自社ビルの売却で借入金の一掃を図るが、すでに社員の士気はどん底に落ちているから、業績は回復するどころかますます落ち込み、最後は、おきまりの倒産劇とあいなる。社長が、景気のいいときに鷹揚にふるまいたがったツケが回ってきたのである。

したがって、社長はふだんからケチという悪評を気にせず、倹約を心掛けるべきなのである。マキアヴェリは言う。

「要するに君主が、鷹揚だという美徳を誇示して、世間に認められようとすると、自分が傷つかないわけにはいかない。そこで英邁《えいまい》な君主は、けちだという評判など、少しも気にかけてはならない。それは、君主の節約心によって、歳入が十分に足りて、外敵から自分を守ることができ、民衆に負担をかけずに大事業（戦争）に乗りだせる人物だと知れれば、時がたつにつれて、この君主は、おおらかだとの評判をいっそう高めるからだ。こうなれば、君主は、なにひとつ物を取りあげたりせずに、数多くの人々に鷹揚にふるまったことになり、少数の者になにもやらずに、けちをおしとおして、それですむことになる。（中略）

ゆえに、君主はけちだという世評など意に介すべきではない。それは、領民の物を奪ったりしないためにも、自己防衛のためにも、貧乏になって見くびられないためにも、仕方なく強欲に走らないためにもそうすべきだ。これは、彼が支配者の地位にとどまるうえでの、一つの悪徳なのだ」

（『君主論』）

このマキアヴェリの言葉で思い出すのは、バブル全盛期に「シブギン」だとか「ケチギン」だとか利用者に罵られながら、「鷹揚だった」長銀や日債銀などがバブル崩壊後に枕を並べて倒産する中、その輝かしい健全経営で、今やダントツの信用力を称賛されるようになった静岡銀行のことである。

『日経ビジネス』の二〇〇二年四月一日号には、この静岡銀行頭取の松浦康男氏へのインタビュー記事が載っているが、その中で、松浦氏は、静岡銀行のこうした信念ある「シブギン」路線について、こう語っている。

「私は頭取としては九代目ですが、当行の三代目の頭取に九年前に一〇一歳で亡くなった平野繁太郎という人がおりました。その人が今の静銀の基礎を作った。

例えばこんなことがありました。私がまだ三十代の頃です。当時銀行業界では消費者ローン業務が流行っておりまして、うちもやろうということになった。ところが当時、既に一線を退いていた平野さんが反対したんです。『個人にお金を貸すと、生活が乱れてかえって苦しめることになる。お金はあげるんじゃないんだ。返してもらわなければいけないんだから』とね。平野さんのそういう遺風というのがまだ残っている。

バブルの頃に静岡銀行が踊らなかったのもそのためです。（中略）

それと家屋敷といったお客さんの『生活権』まで担保に取ることも極力しないんです。

地銀は地域とともにあるんですから、倒産して夜逃げしなければならない形に追い込んじゃダメなんです。いわば『貸さない親切』ですよ」

シブギンは、たんに従業員に対してケチだっただけでなく、顧客に対しても、信念をもってケチを貫いたのだ。おかげで、自らも生き延び、顧客をも不幸から救ったのである。信念あるケチが、最終的に、皆の幸せを導いたという良い例だろう。

このように、社長の座にある者は、たとえ、社員や取引先から不評を買おうと、いったんケチで行こうと心に決めたら、どんなことがあっても、ケチケチ路線を遂行すべきなのである。とりわけ、経常利益が最高に近づいているときには、逆に、サイフの紐を引き締め、内部留保につとめることが必要だ。鷹揚であるという評判に傷がつかないように気にしたあげく、倒産し、社員とその家族、および取引先を路頭に迷わせてはならないのである。

第十三講　鷹揚さは有害であるが、そう見られることは必要である

しかし、鷹揚な社長は×、ケチな社長は○、というと、でも、その人が部課長のときからケチ丸だしで、部下にいっさいおごらず、徹底した割り勘主義だったら、人望がなくて、社長になれなかったんじゃないのと疑問を持つ人がいるだろう。当然である。マキアヴェリもこうした問いを予想して、次のように答えている。

「もし誰かが訊ねて、カエサルはあの寛容な心で、ローマ帝国の帝位についたではないか。さらに、ほかの多くの人物が気前がよかったり、そう見られたことで、きわめて高い地位にのぼったではないか、と言うのであれば、わたしの答えはこうである。

まず、その人物が、すでに君主の地位についた人か、それとも君位にのぼる途上の人か、それを聞きたい。第一のばあいであれば、鷹揚さは有害である。しか

し、第二のばあいなら、そう見られることがぜったい必要である。カエサルはローマ帝国の帝位につこうと望んでいた人間のひとりだった。しかし、もし彼が帝位を得て生きながらえ、ああした乱費を改めていなければ、彼の政権は滅んだにちがいない」（『君主論』）

ようするに、社長の座にのぼりつめるまでは、部下の支持が欠かせないから、金品や地位を気前よく与えて、鷹揚に「見られる」ことがぜひとも必要だが、いったん、社長になった以上は、「鷹揚さは有害」となるのである。

これをいいかえれば、目的が変われば、手段もまた変わるということを意味する。すなわち、社長に「なる」ということが目的の場合には、実際には鷹揚ではなくても、「そう見える」ことが手段となるが、ひとたび、社長となって、会社を維持・発展させることに目標が変わったら、今度は、手段もケチに変更ということである。

しかし、社長になったとたんにケチケチ路線を採用したら、それまで勲功を期待してついてきた部下は反発しないだろうか？　この問いに、マキアヴェリはものすごい答えを用意する。

「君主が金を使うにしても、自分の金や領民の物を使うときと、あかの他人の物を使うときとがある。最初のばあいであれば、出し惜しみすべきだ。だが、あとのばあいであれば、大盤ぶるまいをする機会を少しも逃してはならない、と。

たとえば、君主が軍隊を率いて進撃し、戦利品を得て、略奪や徴発をほしいままにし、他人の物を勝手に処分するとすれば、そのときは寛大であっても構わない」

（『君主論』）

これを会社のケースに応用するとどういうことになるのか？　社内の社長レースで勝ち抜いた場合は、勲功あった部下を取り立てるのはいうまでもないが、そのさいには、ライバルだった専務の系列の社員を左遷してポストを空け、その地位を「気前よく」分配すればいい。また、子会社などの乗っ取りに成功したら、その子会社の社長や重役という地位を勲功あった部下に回してやるのが賢明だ。ようするに、「他人の物を勝手に処分するとすれば、そのときは寛大であっても構わない」わけである。

しかし、社長になってから、自分の会社の財産に手をつけるような鷹揚さはぜったいに戒めるべきなのである。では、なぜ、鷹揚さは悪で、ケチは善なのかといえば、それは鷹揚さは必然的に貧困を招きよせ、その貧困が人の恨みを買うという悪循環を引き起こすからだという。

「気前のよさを売り物にしているうちに、いつしかあなたは自由に使える財力をなくしてしまう。で、貧乏になって、人にさげすまれるか、貧困から逃れようとして強欲になって、人の恨みを買うのが落ちである。とりわけ、君主が厳に戒めなければならないのは、人にさげすまれることと、恨みを買うことだ。そして、気前のよさは、このどちらかにあなたを追いやる。となれば、鷹揚だとの評判を得ようとして、必然的に強欲者の名前をもらい、悪評どころか恨みを買うぐらいなら、悪評だけもらって恨みを買わない、けちに徹したほうが、はるかに賢明であろう」

（『君主論』）

最後の、悪評ならＯＫだが、恨みはＯＵＴというのは、社長にとって、肝に銘ずべき教訓ではなかろうか？

第七章

第十四講　愛される社長と恐れられる社長と、どちらが「良い社長」か

『日経ビジネス』の名物コーナーに「敗軍の将、兵を語る」というインタビュー記事がある。たいていは、倒産（整理や身売りを含む）に追い込まれた経営者がおのれの失敗を語るというものだが、そのコーナーに登場する「敗軍の将」には、個性のちがいはあっても、ひとつの共通点がある。少なくともある時期（隆盛期）には、社員から慕われ愛された良き社長であったことだ。その証拠に、民事再生法を選択し、再出発するに当たって、取引先ばかりかリストラで退社する社員までが温かい励ましを送ってくれたと、どの社長も、異口同音に語っている。

これを見て、われわれはどう考えるべきか？社員や取引先から愛され、篤い信頼をもたれている社長ならば、一度失敗しても再起は可能であるから、やはり、社長たる者、社員や取引先から愛されていなければならないということだろうか？

そんなはずはない。倒産に追い込まれてしまったら、どれほど愛されていた社長だろうと、それは例外なく「悪い社長」だ。反対に、どれほど憎まれ、恐れられていた社長だろうと、会社を倒産させない社長は「良い社長」だ。なぜなら、別のかたちで蘇ろうと、会社という組織にとって倒産は「死」を意味するからだ。組織に「死」をもたらすような社長が「良い社長」であるはずはない。

マキアヴェリは、ここのところを次のように表現している。

「恐れられるのと愛されるのと、さてどちらがよいかである。だれしもが、両方をかね備えているのが望ましいと答えよう。だが、二つをあわせもつのは、いたってむずかしい。そこで、どちらか一つを捨ててやっていくとすれば、愛されるより恐れられるほうが、はるかに安全である。というのは、一般に人間についてこういえるからである。そもそも人間は、恩知らずで、むら気で、猫かぶりの偽善者で、身の危険をふりはらおうとし、欲得には目がないものだと」（『君主論』）

マキアヴェリのいう人間の恩知らずぶりは、「敗軍の将、兵を語る」でほとんどの社長が訴えていることである。たとえば、二〇〇二年八月五―十二日合併号では、民事再生法を申請したアパレルメーカー「冨田」の冨田博社長がこう語っている。

「会社が破綻すると、人間の本質が見えてくるものです。調子がいい時にはすり寄ってきたのに、真っ先に逃げるように離れていく人もいます。また、ここぞとばかりに悪い噂を流したり、足を引っ張ろうとする人も出てきます」

冨田社長の言葉に半畳を入れるようで悪いのだが、「会社が破綻」してから人間の本質に気づいたのでは遅すぎる。経営の順調な時点で、それを十分に意識に入れておかなくてはならない。というのも、人間というものは、もともと、利己心と自己愛でしか行動せず、他人から受けた恩義は、なにかあると真っ先に忘れるようにできているからである。人間は本質的に恩知らずな動物なのだ。

ではなぜ、そういうことが起きるのか？　十七世紀のモラリスト（人性研究家）のラ・ロッシュフーコーはその『箴言集』でこう分析している。

「自分の与えた恩恵にそれなりの感謝を期待していても見込み違いになるわけは、恩恵を与える側の傲慢と受ける側の傲慢が、恩恵の値段について折り合えないためである」

（『ラ・ロシュフコー箴言集』）

うまいことを言うものである。一番、わかりやすいのは、恩恵に関する、親子の間の「値段」の相違である。親が与えたと感じている「値段」で恩恵を計っている子供は絶対にいない。子供は、親から受けた恩恵を、かならずや安く評価するものなのである。社長と社員の関係はもっとドライだから、社長が、いくら社員のためを思い、愛情を注ぎ、さまざまな恩恵を施してやったつもりでいても、社員の大半は、その恩恵を社長の設定価格よりもはるかに低く見積もっている。

しかし、それでも、会社が順調なときには、社員は多少の恩恵は感じている。だが、会社の破綻が明らかになった瞬間、社員にとって、恩恵はすでに清算済みのものと見なされるのである。

「あなたが恩恵をほどこしているうちは、みながあなたの意のままになり、血も家財も生命も、子供たちさえあなたに捧げてくれる。とはいえ、さきにも述べたとおり、それほどの必要性がまだはるか先のときはである。そして、いざ本当にあなたに必要がさしせまってくると、きまって彼らは背をむける。そこで、彼らの口約束に全面的にのってしまった君主は、ほかの準備がまったく手つかずのため、滅んでいく。偉さや気高い心に惹きつけられてでなく、値段で買いとられた友情は、ただそれだけのもので、いつまでも友情があるわけではなく、すわというときの当てにはならない」

（『君主論』）

ラ・ロッシュフーコーに言わせると、これは、恩恵を与えられる側の人間（社員）の責任とは限らないということになる。つまり、恩恵を与える側の人間（社長）に責任の大半はあるのだ。

「あの男は恩知らずだ、ただし彼の忘恩は、彼が悪いというよりも、むしろ彼に恩恵を施した男のほうに罪がある」

「気前のよさと呼ばれるものは、おおむね、与えてやるのだという虚栄心に過ぎず、われわれにはこのほうが与える物よりも大切なのである」

（ともに『ラ・ロシュフコー箴言集』）

つまり、社長が社員に恩恵を与えるのは、それを与えることによって満たされる虚栄心のためなのである。そして、そのことを、与えられる側（社員）は本能的によく知っている。恩恵は社長の自己愛の表現なのだから、社員がこれに報いる必要はないというわけだ。また、ごくたまに、それも会社が順調である間に、社員が恩恵に対して感謝の意を表明することがあっても、それは次のような利己心からの行動にすぎないのである。

「大多数の人の感謝は、もっと大きな恩恵を受けたいという密かな欲望に過ぎない」

（『ラ・ロシュフコー箴言集』）

ことほどさように、すべては、人間は恩を忘れる動物であり、それは当たり前のことだという前提から議論を始めなければならない。こう考えておけば、社員がたんに忘恩に走るばかりではなく、「冨田」の倒産のように「悪い噂を流したり、足を引っ張ろうと」したりして、恩恵を受けた社長を傷つけることまでするという不可解な現象も理解できるだろう。

「人間は、恐れている人より、愛情をかけてくれる人を容赦なく傷つけるものである。その理由は、人間はもともと邪《よこしま》なものであるから、ただ恩義の絆《きずな》で結ばれた愛情などは、自分の利害のからむ機会がやってくれば、たちまち断ち切ってしまう。ところが、恐れている人については、処刑の恐怖がつきまとうから、あなたは見放されることがない」

（『君主論』）

恩義とか愛情といったものの担保価値はいたって低くしか評価されないが、恐怖心の担保価値はいつどんなときでも高いということだ。したがって、どうせ与えるなら、恩恵よりも恐怖心のほうが効率はいいということになる。

では、なぜ恐怖心の担保価値は常に高いのか？　それは、恩義や愛情では人間の弱さを防ぎようがないが、恐怖心ならそれを押さえ込むことができるからだ。この恐怖心による弱さの抑圧こそが、忠義というものの本質なのであり、その抑圧が不在のときには、裏切りや忘恩はいとも容易に全開になるのである。

「人ははっきりと裏切るつもりで裏切るよりも、弱さから裏切ることが多い」
「弱さこそ、ただ一つ、どうしても直しようのない欠点である」

（ともに『ラ・ロシュフコー箴言集』）

したがって、社長たるものはなによりもまず、自分と社員の「弱さ」というものを凝視するところから始めなければならないのである。

第十五講　冷酷さと憐れみぶかさと、どちらが良いか

恩義や愛情よりも、恐怖心の担保価値が高いと決まった以上、たとえ冷酷であると非難されようと、担保価値の高いほうを使ったほうが、会社の統治はしやすくなるのは当然である。

しかし、こういうと、そうした恐怖政治による会社運営では、会社に伸び伸びとした雰囲気がないから、社員の自主性も生まれず、会社の発展性もないという反論が出てくるだろう。

それはたしかにそうだ。だが、自由な雰囲気と緊張感を欠いた雰囲気というのは紙一

重であり、いつ前者が後者に転じてもおかしくはない。そして、いったん、社内にだらけたムードが漂いはじめたら、これを立て直すことは容易ではないのである。人間は本質的に弱い存在であり、恐怖心がない限り、つねに易きに流れるのである。ゆえに、社長が憐れみぶかく、社員がなにか失敗をしても罰せられることがないという状態のほうが、恐怖心でピリピリしている状態よりもはるかに危険なのである。

「どの君主にとっても、冷酷さなどでなく、憐れみぶかいと評されるほうが、望ましいことにちがいないと思う。そうはいっても、恩情にしても、へたなかけかたをしないように心がけなければいけない。たとえば、チェーザレ・ボルジアは、残忍な人物とみられていた。しかし、この冷酷さが、彼にロマーニャ地方の秩序を回復させ、この地域を統一し、平和と忠誠を守らせる結果となった。とすると、よくよく考えれば、フィレンツェの民衆が、冷酷非道の悪名をまぬがれようとして、そのあげく、ピストイアの崩壊を腕をこまねいて見過ごしたのにくらべれば、ボルジアのほうがはるかに憐れみぶかかったのがわかる」

（『君主論』）

こうした論理の展開からも明らかなように、マキアヴェリがつねに問題とするのは、国家運営の経過ではなく結果である。経過がいくらよくても、結果がよくなければ、それはダメと判断されるのだ。そして、それは会社という「法人」にそのまま当てはまる。一人の人間ならば、その人物を評価するのに、結果ではなく経過をもってすることは十分有り得る。選手時代の長嶋茂雄のように、最終的に残した結果が大記録ばかりではなくとも、プレーヤーとして観客に与えた印象、つまり経過がよければ、グッド・プレーヤーとして記憶に残る。だが、巨人軍監督としての長嶋茂雄、つまり「法人」の長としての長嶋茂雄は、結局のところ、結果を出すことができなかったから、ダメ監督の烙印を押されてもしかたがないのだ。

同じように、いかに働きがいのある良い会社を作ったとしても、会社を倒産させてしまったら、その社長は「悪い社長」である。反対に、冷酷非情な社長として社員の恐怖心の的となっていても、会社を倒産させることがなければ、その社長は「良い社長」なのである。

「君主たる者は、自分の領民を結束させ、忠誠を誓わすためには、冷酷だなどの悪評をなんら気にかけるべきではない。なぜなら、あまりに憐れみぶかくて、混乱をまねき、やがては殺戮《さつりく》や略奪をほしいままにする君主にくらべれば、冷酷な君主のほうは、ごくたまの見せしめの残酷さを示すだけで、ずっと憐れみぶかい人物になるからだ。後者のばあい、君主が処刑を言いわたすのは、ただ一部の個人だけ傷つければすむわけで、前者であれば全領民を傷つけてしまう」（『君主論』）

一人の社員に恩情をかけてしまって冷酷に罰することのできなかった社長は、倒産によって、結果的に、全社員を冷酷に罰することになるのである。

第十六講　恐れられることと恨みを買わないこととは立派に両立しうる

しかし、本来的に冷酷非情でない社長があえて社員に冷酷にふるまおうとするとき、まず頭に浮かぶのは、その社員の恨みを買うのではないかということである。しかし、人間というのはまことに不思議なもので、社長から冷酷な処罰（懲戒免職、降格、左遷）を受けたからといって、即、恨みを抱くわけではないのだ。恨みというのは、もっと別のところから生まれてくるものなのである。

「ともかく、君主は、たとえ愛されなくてもいいが、人から恨みを受けることがなく、しかも恐れられる存在でなければならない。なお恨みを買わないことと、恐れられることとは、りっぱに両立しうる。これは、為政者が自分の市民や領民の財産、彼らの婦女子にさえ手をつけなければ、かならずできるのである。さらに、どうしても誰かの血を見る行動に行きつかざるをえないときは、適当な口実としかるべき動機があるときのみ、やるべきである。人間は、父親の死をじきに忘れてしまっても、自分の財産の喪失は忘れがたいものだから、とくに他人の持物に手を出してはいけない」

(『君主論』)

このマキアヴェリの教訓をどう受け取るべきだろうか?

社長が、業績不振の原因となっている社員をクビにしたり、降格させたり、左遷させたりするのは一向にかまわない。というよりも、この点は、一切の私情は挟まずに冷酷非情にふるまうべきである。

しかし、社長が社員の妻や愛人、あるいは娘に手を出したりすることは厳に戒めなければならない。とりわけ同じ高級クラブに社長と専務が通っているとき、社長が専務の愛人であるホステスを奪うというようなことはまちがってもしてはならない。色恋の恨みは恐ろしいのだ。

また、書画骨董の世界になじんでいる社長が、専務のもっている壺がどうしても欲しくなり、これを無理やり売らせるようなこともしてはならない。

かつて、ビール王と呼ばれた馬越恭平は三井物産在籍中から書画骨董の世界ではなかなかの目利きだったが、あるとき、せっかく手に入れた壺を「財界総理」だった井上馨から譲るように強要された。馬越がこれをきっぱり断ると、井上馨は逆恨みして、馬越を三井から追放し、日本麦酒へと追いやった。事件以来、馬越は、このことを深く恨み、井上馨に復讐せんと、虎視眈々と機会を狙っていたといわれる。この場合、恨みは三井物産を追い出されたことよりも、壺の譲渡を強要されたことから来ているといっていい。上に立つものは、どうあっても「他人の持物に手を出してはいけない」のである。

というわけで、マキアヴェリは結論を下す。

「民衆が愛するのは、彼らがかってにそうするのである。だが、恐れられるというのは、君主がわざと、そうさせたのである。したがって、賢明な君主は、もともと自分の意志に基づくべきであって、他人の思惑などに依存してはならない。

ただ、さきにも述べたとおり、恨みを買うのだけは、努めて避けるようにすべきだ」（『君主論』）

第八章

第十七講　善玉《ヒーロー》社長という見てくれは大切だ

「実質的に社長になる」ことと、「名のみ社長になる」ことと、「名実ともに社長になる」のとでは、それこそ雲泥のちがいがある。前の二つのどちらかになるのは簡単だが、最後の一つになることは、たんに前者二つを合わせただけでは実現不可能で、一種特別の努力と才能が必要とされる。

「実質的に社長になる」、これはさほど難しいことではない。副社長や専務の中には社長よりもはるかに有能で人望も篤く、実質的に社長の役割を果たしている人はいくらでもいる。とくに同族企業などでは、この「実質的な社長」という存在が不可欠だ。

同じように「名のみの社長になる」ことも簡単だ。同族企業の二代目、三代目はほとんどがそうだし、普通の会社でも、派閥力学でお飾り的な社長に祭り上げられた人は、それこそ枚挙に遑《いとま》がない。というよりも、日本では、この種の社長のほうが多いくらいで、「名のみの社長」と「実質的な社長」の二重構造が、立憲君主制の会社版として普遍的に機能しているといっても過言ではない。

ところが、こうした立憲君主的風土のせいか、日本では、アメリカの大統領制的なCEO、つまり「名実を兼ね備えた社長」となろうとすると、思わぬ困難が前途に待ち構えている。

なぜなのか?

それは、「名のみの社長」は善玉《ヒーロー》に収まっていればよく、「実質的な社長」は悪玉《ヒール》に徹していればそれでOKだが、「名実を兼ね備えた社長」となると、善玉《ヒーロー》であると同時に悪玉《ヒール》であるという、一人二役を同時に演じなければならなくなるからである。善玉《ヒーロー》であり続けようとすれば、悪玉《ヒール》の部分が疎かになり、会社の実質が揺らぐ。逆に、悪玉《ヒール》となって泥まみれになれば、善玉《ヒーロー》のイメージに傷がつき、名声と権威と人気は失われる。しかも、かならず、善玉《ヒーロー》の部分にこだわる社員と、悪玉《ヒール》の役割を重んじる社員の二派が出来て、激しく対立するから、事態はよけいに捩《よじ》れて複雑になってしまうのである。

こうした矛盾に関して、マキアヴェリはどう言っているのだろうか？　まず、マキアヴェリは、君主（社長）たらんとすれば、次のことに注意を払う必要があるとしている。

「君主に謁見し、そのことばに聞きいる人々のまえでは、君主はどこまでも慈悲ぶかく、信義に厚く、裏表なく、人情味にあふれ、宗教心のあつい人物と思われるように心を配らなくてはいけない」（『君主論』）

ここで、われわれが刮目《かつもく》すべきは、マキアヴェリが、善玉《ヒーロー》としての君主を崇める大衆の前では、理想的な人物と「思われるように」心を配れと言っていることだ。つまり、君主（社長）は、実質的にはそうではなくても、見かけは善玉《ヒーロー》として振る舞わなければならないとして、その外見の大切さを強調しているということである。

これは、象徴的な「名のみの社長」には案外簡単なことだが、逆に「実質的な社長」から成り上がった社長にとっては思いのほか難しい。なぜなら、こうしたタイプの社長は「見てくれ」や象徴性というものが持つ力にいたって無頓着なので、ついつい、この方面を軽視してしまうのだが、ここに大きな落とし穴がある。

「大衆はつねに、外見だけを見て、また出来事の結果で判断してしまうものだ。しかも、世の中にいるのは大衆ばかりだ。大多数の人が拠りどころをもってしまえば、少数の者がそこに割りこむ余地はない」

（『君主論』）

これは、ついこのあいだの田中真紀子ブームを見ればよくわかる。田中真紀子の場合は、外見だけを大衆に見せようと狙うテレビというメディアによって人気が増幅したのだが、そうではない会社のような組織においても、大衆（一般社員）が外見と結果しか見ず、しかも、それが力をもってしまえば、もうこれを動かすことができないという点では同じなのである。

「総じて人間は、手にとって触れるよりも、目で見たことだけで判断してしまう。なぜなら、見るのは誰にでもできるが、じかに触れるのは少数の人にしか許されないからだ。そこで、人はみな外見だけであなたを知り、ごくわずかな人しかじっさいにあなたと接触できない」

（『君主論』）

社長たるもの、見てくれの大切さ（ヒーロー性）と一般社員の持つ恐るべき力を断じて軽視すべきではないということである。

第十八講　善玉《ヒーロー》社長であり続けようとすることは、むしろ有害だ

「実質的な社長」が「名実を兼ね備えた社長」にならんとするとき、善玉《ヒーロー》としての外見は、けっしてこれを軽視すべきではない。しかし、実際にそうであり続けることはかならずしも必要ではない。というよりも、むしろ有害である。これは、マキアヴェリが繰り返し述べていることである。

「要するに君主は、前述のよい気質を何から何まで現実にそなえている必要はない。しかし、そなえているように見せることが大切である。いや大胆にこう言ってしまおう。こうしたりっぱな気質をそなえていて、後生大事に守っていくというのは有害だ。そなえているように思わせること、それが有益なのだと。たとえ

ば慈悲ぶかいとか、信義に厚いとか、人情味があるとか、裏表がないとか、敬虔《けいけん》だとか、そう思わせなければならない。また現実にそうする必要はあるとしても、もしもこうした態度が要《い》らなくなったときには、まったく逆の気質に変わりうる、ないしは変わる術を心得ている、その心がまえがなくてはいけない」（『君主論』）

では、なにゆえに、善玉《ヒーロー》としての立派な気質を持ち続けることが社長にとっては有害なのか？

それは簡単である。社長が慈悲ぶかく、信義に厚く、人情味があり、裏表がなく、敬虔であったとしても、社長以外の人間、たとえば重役、中堅幹部、さらには平社員、それに取引先や関連企業などの人間までがそうであるという保証はどこにもないからだ。こちらが善玉《ヒーロー》でも、相手が悪玉《ヒール》で反則技を次々に繰り出してきた場合には、プロレスではないのだから、善玉《ヒーロー》が負けることは必定なのである。

これに関する具体例は、失敗社長ならいくらでも持っているだろう。たいていの社長は善玉《ヒーロー》すぎて、悪玉《ヒール》に苦もなくしてやられたのである。

畑村洋太郎氏『社長のための失敗学』（日本実業出版社）に紹介されている株式会社広田タイヤ商会社長の体験はこの格好の例である。社長が信義に厚い善玉《ヒーロー》すぎたために、初めから騙そうとして近づいてきた悪玉《ヒール》のタイヤメーカー系列販売会社の専務の魂胆を見抜けなかったのである。

「事前に、仕入代金を手形で渡しておき、こちらが必要になったとき改めて注文する。代金に見合った数量は必ず納めるという約束——。虫のいい話だ。

しかしながら、相手は四十年近くもの古くから付き合いのある会社だ。そこの親会社であるメーカーには、かつて危機を救ってもらったこともある。困ったときにはお互い様。いまこそ恩返しをすべきだろう。そう私は考えたのだった。

ところが、実際には代金に見合った量の商品は納められなかったのである。人のよさが私の取り柄だが、このときばかりは、それを恨めしく思った」

もう一つの例は、人手不足から職安を通じて雇った男が組合運動のプロで、会社をガタガタにされたばかりか、社長までがノイローゼになってしまったホッカイエムアイシー株式会社社長のケースである。

「Aは、三十五～六歳の一見、おとなしそうな男だった。ソフトな物腰で、現場の経験もある。人当たりのよさそうな彼を、当初は『いい人が来てくれた。よかった』と見ていた。

大変な誤りだった。その第一印象が演技だったということが、ほどなくしてわかった。

（中略）

彼は営業活動で私が会社を留守にしているうちに周りの社員を懐柔し、それが進んだ段階で組合を立ち上げており、社員のほとんどが巻き込まれていた」（同書）

いずれも、最初から騙そうという意志を持って近づいてくる悪玉《ヒール》には、善玉《ヒーロー》社長では太刀打ちできないという格好の例である。世の中、善人だけで成り立っていれば、こんなにいいことはないのだが、残念ながら、そうは行かないのが常である。したがって、善玉《ヒーロー》社長であるという外見を保ちつつも、悪玉《ヒール》社長の警戒心と狡智をもって会社運営に臨まないかぎり、悪心を抱いて会社に接近する輩を撃退することは不可能ということになる。

「このようなわけで、名君は、信義を守るのが自分に不利をまねくとき、あるいは約束したときの動機が、すでになくなったときは、信義を守れるものではないし、守るべきものでもない。とはいえ、この教えは、人間がすべてよい人間ばかりであれば、間違っているといえよう。しかし、人間は邪悪なもので、あなたへの約束を忠実に守るものでもないから、あなたのほうも他人に信義を守る必要はない。それに約束の不履行について、もっともらしく言いつくろう口実など、その気になれば君主はいつでも探せる」

（『君主論』）

さすがはマキアヴェリ、人間の本質をしっかりと見ている。そして、この善玉《ヒーロー》である外見を保ちながら、そのじつ悪玉《ヒール》の精神を持ち、これを果敢に実行に移すということは、「名のみの社長」と「実質的な社長」がともに、「名実を兼ね備えた社長」になるためには、是非ともクリアーしなければならない関門なのである。

「君主、ことに新君主のばあいは、世間がよい人だと思うような事がらだけを、後生大事に守っているわけにはいかない。国を維持するためには、信義に反したり、慈悲にそむいたり、人間味を失ったり、宗教にそむく行為をも、たびたびやらねばならないことを、あなたは知っておいてほしい。したがって、運命の風向きと事態の変化の命じるがままに、変幻自在の心がまえをもつ必要がある。そして、前述のとおり、なるべくならばよいことから離れずに、必要にせまられれば、悪に踏みこんでいくことも心得ておかなければいけない」

（『君主論』）

必要とあらば、信義、慈悲、人間味といった「善」の仮面をかなぐり捨てて、あえて悪を選択する。この決断ができるかどうかで、鼎《かなえ》の軽重は問われるのである。なぜなら、この選択ができなければ、社長はいかに立派な聖人君子だろうと、会社は潰れてしまうからである。

第十九講　社長は半人半獣でなければならない

というわけで、「名実を兼ね備えた社長」であるには、善玉《ヒーロー》社長の外見を保ちながら、悪玉《ヒール》社長の手練手管をマスターした一人二役の社長であることが望まれるが、マキアヴェリは、前者は「法」という意味での人間の、後者は「力」という意味で獣の、それぞれ特性であるとし、真の君主たるものは、すべからく半人半獣でなければならないと、君主たる者の二面性の必要を説いている。

「したがって君主は、野獣と人間をたくみに使いわけることが肝心である。この事がらについては、昔の著作家が君主に、暗示的に教えてくれている。彼らの書き残したものによると、アキレウスを初め古代の多くの王たちが、半人半馬のケイロンのもとに預けられて、この獣神に大切にしつけられたとある。この話の意味、つまり半人半獣が家庭教師になったというのは、君主たるものは、このような二つの性質を使い分けることが必要なのだ。どちらか一方が欠けても君位を長くは保ちえない、そう教えているわけだ」（『君主論』）

しかし、一口に獣といっても、獣にも種類がある。ライオンの力、狐《きつね》の狡智、それに狼の凶暴さなどだが、マキアヴェリは、このうちとくに君主にとって必要なのは、ライオンの力と狐の狡智であるとして、こう結論づける。

「そこで君主は、野獣の気性を適切に学ぶ必要があるのだが、このばあい、野獣のなかでも、狐《きつね》とライオンに学ぶようにしなければならない。理由は、ライオンは策略の罠《わな》から身を守れないからである。罠を見抜くという意味では、狐でなくてはならないし、狼どものどぎもを抜くという面では、ライオンでなければならない。といっても、ただライオンにあぐらをかくような連中は、この道理がよくわかっていない」（『君主論』）

ここでマキアヴェリが簡単に素描した、野獣としての君主のマキアヴェリズムを、多くの寓話に取り入れて、すさまじいばかりに冷徹な人間観察を残したのが、フランス十七世紀の詩人ラ・フォンテーヌである。『ラ・フォンテーヌの寓話』は、ラ・ロッシュフーコーの『箴言集』と並んで、一切の掛け値を取り払ったあとの、赤裸々な人間についての考察集である。

たとえば、『ラ・フォンテーヌの寓話』の中の「ライオンの宮廷」という寓話は、絶対的な権力を握り、しかも、悪を平気でなすことのできるライオンの王が、狡智のかぎりをつくす狐に、まんまとしてやられるという話である。

あるとき、ライオン王が動物王国の臣下たちに列侯会議への招待状を出した。動物たちは疑心暗鬼ながらも、ライオンの復讐が恐ろしいので、しぶしぶ、ライオン王の宮殿にやってきた。ところが、そこは饗宴の場であるどころか、悪臭のたちこめる猛獣小屋である。軽率な熊が思わず顔をしかめ鼻をつまむと、ライオン王は、「なんだ、おまえ、おれの宮殿が臭いというのか」と難癖をつけ、あの世に送った。それを見たお調子者の猿が、この宮殿の匂いは素晴らしい、これに比べれば竜涎香《りゅうぜんこう》も花もたんなる悪臭だとおおげさにほめあげたところ、ライオンは「わざとらしいお世辞を言うな」と一撃のもとに猿を殺してしまった。そして、ライオンは狐にむかって、「そちは、ここの匂いをどう思う?」とたずねた。すると狐は、こう答えた。「まことに失礼ながら、ここのところひどい風邪をひいておりますもので、なんとも申し上げられません」。ライオンは狐になんの仕打ちもほどこすことはできなかった。

このように、平気で悪を行うライオンの王でも、狐の狡智には勝てず、その策略からは逃れられない。ゆえに、君主（社長）たるもの、ライオンの力だけではなく、狐の狡智を身につけなければ、狐のような狡い敵に対しては無防備になってしまうのである。

そこで生まれたのが次のようなフランス語の表現である。

「狐の皮とライオンの皮とを縫い合わせる」

その心は、「悪知恵と力を合わせ持つ」。

じつは、これが可能になったときにこそ、「名実ともに社長になる」という奇跡を演じることができるのである。

第九章

第二十講　社長は社員から軽蔑されるのだけは避けるべきだ

しばしば言われることだが、長所と短所は玉虫の羽のようなもので、見る人によって、同じものが、長所に見えることもあれば、短所に見えることもある。

たとえば、テレビで見ている有権者には、意志が強く、活発で、決断力のある女に見える田中真紀子が、側近には、我がままで、がさつで、軽率な女に見える。

なぜ、こんなことが起きるのかといえば、それは、見る人の距離と立場によって、指導者の相貌は決まるからだ。

前線に立つ営業マンには、たくましく、積極的で、頼りがいのある男に見える社長も、社長室の社員には、残忍で、貪欲で、好戦的な男に映る。また、たたきあげの専務からすると、柔弱で、決断力がなく、覇気のない男に見える社長も、女子社員には、優しく、冷静で、思慮深い男と映る。

つまり、社長としてはどんなに自分が首尾一貫した人間のつもりでいても、社内の人間の立場が百通りあれば、百通りに見えてしまうもので、こればかりは防ぎようがない。しかし、それでも、社長が絶対に警戒すべきことがある。それは、社員、とりわけ会社の海兵隊員にもたとえられるべき営業部員、つねに前線に立って他社の先兵たちと激しい鍔《つば》迫《ぜ》り合いを演じている営業マンたちから、弱虫、臆病、卑怯者と、蔑まれることである。

「一般に人民は、平穏を好み、穏和な君主を慕うのに、兵士のほうは好戦的で傲慢で、残酷で、どん欲な君主を望んだ。そのため、兵士と人民をともに満足させるのは、きわめてむずかしいことであった。そのうえ兵士は、皇帝が人民に対してそうした態度を思いのままに発揮して、彼ら兵士の給料を倍増し、どん欲さと残忍性を満たしてくれるのを希っていた」

（『君主論』）

「軽蔑されるのは、君主が気が変わりやすく、軽薄で、女性的で、臆病で、決断力がないとみられるためである。このことは、君主は一つの暗礁《あんしょう》と受けとめて、大いに警戒しなくてはいけない」（『君主論』）

このマキアヴェリの教訓は、とりわけ、ライバル他社を追い抜こうと狙っている新規参入の後発企業について当てはまる。こうした企業にあっては、社長が、臆病で決断力に欠け、柔弱であるとして、社員から、なかでも営業マンから軽蔑されてしまったら、それでもうおしまいである。実際には、その社長が、慎重で、冷静、穏和であっても、そのような指揮官はこうした新興企業には適していないのである。むしろ、「好戦的で傲慢で、残酷で、どん欲な」社長のほうが、ヤル気のある社員にとっては好ましいといえる。

第二十一講　社内で一番勢力の強い部局の憎しみを買うなかれ

社長は社員全員から好かれることはできない。ならば、だれの憎しみや軽蔑を買うのを最も避けるべきか？

「多くの皇帝は、とくに成り上がりで帝位についた人物は、この異質の二つの［兵士と人民の］気分という難題に直面して、兵士の満足を心がけて、人民の心を傷つけることに無頓着であった。むりからぬ決断であった。なぜなら、皇帝が誰からも恨まれずにすむなどは不可能であって、まず第一に、すべての階層に憎まれないように努力することとなった。それが実行できないとなれば、とくに勢力の強い階層の憎しみを避けるようにあらゆる手立てを尽さなければならなかった」

（『君主論』）

社員全員から好かれ慕われるということがありえぬならば、社内で一番勢力の強い部局の憎しみを買わず、かつ軽蔑されないこと、これこそが社長の注意すべき第一のことである。

しかし、これは思っているよりもはるかにむずかしい。なぜなら、社内で一番勢力の強い部局というのは、会社は自分たちで持っていると思い込んでいるから、社長なにするものぞと鼻息が荒い。そのため、もし、新社長が下手にその部局の改革に手をつけたりすれば、彼らは一致団結して抵抗するにちがいない。最悪の場合、社長の首が飛ぶことだって十分にあるのだ。

「ペルティナックスは、兵士の思惑にさからって、帝位に選ばれた人物である。それに兵士は、コンモドゥス帝の治下での放埒《ほうらつ》な暮らしになじんでいた。で、ペルティナックスが、まじめな暮らしの型にはめようとするのに、我慢がならなかった。皇帝はその恨みを買ったばかりか、老齢も手伝って軽蔑さえもまねいた。こうして治世のごく初期に破滅した」（『君主論』）

このマキアヴェリの言葉にあるように、その一番勢力の強い部局というのが、会社改革のガンになるような腐敗・堕落した部局である場合には、新社長はことのほか注意を要する。この部局は、交際費やタクシー券は使い放題使い、人事を自分たちの都合のいいように壟断《ろうだん》し、さらには出入り業者からリベートを取っている。こうした腐敗・堕落した部局に対して、社長が蛮勇を奮って戦いを挑み、粛清に成功すれば、それは称賛すべき「善」の勝利となる。しかし、かならずしも、「善」が勝つとは限らないのが世の中である。粛清の勝算がおぼつかないときには、社長たる者、どう対処すべきか？

「さて、ここで心得ておきたいのは、人に恨みを受けるのは、ひとり悪行だけでなく、善行からも生まれることだ。だからこそ、前述のように、君主が国を保持しようとするときには、しばしばよからぬこともせざるをえない。というのも、あなたが君位を守るうえで、味方にする必要ありと判断した人民、兵士、貴族とかの集団が、もし腐敗していれば、あなたも、彼らの気持を満たすために、その気風に染まらざるをえない。となれば、このばあい、善行があなたの仇《あだ》になる」

（『君主論』）

これは、危機の時代に登場した改革者にとって、心に銘ずべき教訓である。腐敗・堕落を摘発し、責任者を粛清しようとすると、ときに、その「抵抗勢力」の恨みを買い、返り討ちに合うことがある。つまり、「善行があなたの仇になる」のである。

第二十二講　結局、民衆の憎悪を買わないのが一番だ

では、ここでマキアヴェリが勧めているように、抵抗勢力の腐敗に、多少は「染まらざるをえない」のか？

おそらく、これはケース・バイ・ケースだろう。もし、会社の気風が北朝鮮のように、人民は知らしむべからずの密室体質ならば、抵抗勢力と妥協するために腐敗に染まって見せることは必要だろうし、また可能である。かつての日産がこの典型で、新社長は、労組の大物、塩路委員長におつきあいするという名目で、銀座で豪遊せざるをえなかった。

だが、マスコミが発達した民主主義国のように、社員が情報をいちはやくキャッチし、発言することのできる会社ならば、そうした妥協は、改革を売り物にする新社長の命取

りになりかねない。なぜなら、改革への期待が大きかった分、社員の落胆は大きく、そのまま憎悪へと変わる恐れがあるからだ。マキアヴェリはこの点に関しても、抜かりなく、次のような言葉を用意している。

「原因はたくさんあるが、群をぬいて重要きわまりないものが一つある。それは君主が人民の憎悪の的となることだ。なぜなら、一般民衆の憎しみをかきたてるような君主には、それまでことさらこの君主にいじめぬかれたために、復讐の心を固める人物が出てくることは当然だからである」（『政略論』）

マキアヴェリは重ねて言う、民衆の憎悪を買わず、民衆に慕われている君主ならば、たとえだれかが反乱を企てようとしても、その反乱は失敗するだろうし、また反乱のチャンスも減るだろうと。

「ともかく君主が、反乱をまねかない、もっとも有効な対策の一つは、衆人の憎しみを買わないことである。というのは、反乱を起こす者は、君主を殺せば、民衆が満足してくれると思いこむ。ところが、君主の死で民衆の怒りを呼ぶと知れば、反乱者の側にはかり知れない困難がつきまとうから、そこまでの決断にふみきる勇気などくじけてしまう」（『君主論』）

しかし、民衆（一般社員）に慕われるのはいいとして、それでは、兵士（一番勢力の強い部局）や貴族（重役）の反感を買って、憎しみを受けることはないのか？　両者をともに満足させることは不可能だとマキアヴェリは繰り返し述べているではないか。この難題に対し、マキアヴェリはこう答える。

「君主は恩恵を与える役はすすんで引き受け、憎まれ役は他人に請け負わせればいいということだ。重ねて結論をいおう。君主は貴族たちを尊重して、しかも、民衆の憎しみを受けないようにしなくてはいけない」（『君主論』）

前章で指摘したように、善玉《ヒーロー》社長には、悪玉《ヒール》副社長という、憎まれ役が必要なのである。

第二十三講　社内の反乱や陰謀は身内から起きやすい

社長がどんなに社員に心を配っていたとしても、野心的な人間たちというのはどこにでもいるから、反乱や陰謀の危険性はつねに潜在する。しかも、反乱や陰謀が起こっては一番困るところから、つまり、取り巻きや側近からそれは生まれるのである。

「歴史の示すところによれば、すべての陰謀は上流階級や君主と昵懇《じっこん》の人びとによって計画されている」
（『政略論』）

なぜ、こうなるかは、冒頭で示したような真理による。つまり、社長との距離が短ければ短いだけ、部下は社長の素顔に接することになるが、その素顔というのは、たいてい遠くから見た顔よりは劣って、欲望や本音が剝き出しになるから、「たくましく、積極的で、頼りがいのある男に見える社長も、社長室の社員には、残忍で、貪欲で、好戦的な男に映る」のである。

したがって、取り巻きや側近は、社長の剥き出しの自我に接して、軽蔑や憎悪を抱きやすい。それゆえ、社長としては、取り巻きや側近を取り立てて可愛がってやっているつもりになっても、彼らはそうは考えず、逆に、ささいな侮辱から恨みを抱きかねない。これこそが、社長たるもの最も警戒すべきことなのである。

「陰謀からわが身を守ろうとする君主は、さんざん虐待した相手ではなく、むしろたいへんひいきにしていた人物にこそ、十分警戒をしなければならない」

(『政略論』)

ようするに、飼い犬に手を噛まれるというやつである。劇的な社長解任劇としていまでも語り種になっている三越の岡田茂社長の解任では、取締役会議で不信任動議を提出したのは、岡田社長の側近中の側近と言われた専務だったと記憶する。岡田社長は専務をせいぜい引き立ててやったと思っていたのだろうが、専務のほうではひそかに恨みをためこんでいたにちがいない。だから、社長は、自分の素顔をさらすことになる側近や取り巻きにこそ気を配って、恨みの原因になるような言動は避けるべきなのである。

「〔君主は〕自分が使っている人や、側近として国の政治にたずさわるすべての人々に、重大な侮辱を加えないように心がけねばならない」
（『君主論』）

したがって、この点さえ気をつけていれば、陰謀や反乱はそうは簡単に起きるものではない。第一、陰謀を企て、反乱を起こすには、複数の人間の連携プレーや秘密の保持であるとか、さまざまな技術がいるから、めったに成功はしないのである。

「反乱はしばしば行われてきたが、成功したためしはほとんどない。理由は、反乱をしかける者は単独ではやれないので、かといって、仲間にさそえる人間は不満をかこつ者にかぎられる。で、この不満分子に、あなたが本心を打ち明けたが最後、彼らの不満をはらしてやるという言質《げんち》を与えたことになる。いいかえれば、相手は打ち明けられたことで、彼らなりの償いを公然と求めてくる。こうして相手は、こちら側に付けば確実な利益にありつけるとか、あちら側に与《くみ》すれば、危険がいっぱいであやしいとかと、頭を働かせる。その結果、あなたとの誓約が守れるのは、無二の友であるか、とことん君主の宿敵であるか、そのばあいしかない」

（『君主論』）

陰謀や反乱がなかなか成功しない理由の第二は、一部の野心家を除けば、一般社員は、「乱」を好まず、平穏無事を愛するからで、多少の不満は我慢するものなのである。

「世の大多数の人間は、財産や名誉さえ奪われなければ、けっこう満足して暮らしていくものである。で、君主が敵として戦わなくてはならないのは、ただ少数の野心家あいてになるが、彼らの野心をおさえていくには、いろいろな手段があり、それほどむずかしくはない」

（『君主論』）

この点をこそ社長は、心得るべきなのである。どんな会社でも、創業時の積極果敢な時期を除けば、会社の存続こそがレーゾン・デートルになる。大部分の社員は、いつまでも社員として給料をもらいつづけることを第一に望むものなのだ。社員は、給料さえもらっていれば、多少、社長の品格や性格に問題があっても、また破廉恥な振る舞いがあっても、たいていはこれを許すのである。

第十章

第二十四講　新社長は敵対的な社員こそ、味方につけるべきだ

日経平均は一万五千円を境にして長く停滞している。

こうした状況下では社長のリストラも盛んらしく、ベンチャーばかりか大企業も軒並み社長を入れ替えている。新社長ラッシュといってもいいような有り様である。

ところで、新社長といっても、かならずしも重役や社員から歓迎されるものばかりとは限らない。むしろ、危機のさいに登場する社長というのは、社内に敵の多い人物であることのほうが多い。平時であれば敵が多すぎて社長にはなりえなかったような人が、戦時の特例として社長に推されるケースが少なくないのだ。

こうした新社長にとって、頭が痛いのは、いったいどのような人物を幹部に抜擢・登用すべきかということである。自分を支持してくれた味方の重役や忠実な部下を幹部に登用したいのはやまやまだが、果たして、そうした人が有能か否かということになると、話は別である。マキアヴェリは、むしろその反対であると言う。

「君主、それもとくに新君主が経験するのは、政権の当初に疑わしくみえた人物のほうが、初めから信頼していた者より忠誠心が深く、より役に立つことである」（『君主論』）

なぜだろう？　どうして、最初、敵対的だった人物のほうがその後により忠実になったりすることがあるのか？　その理由について、マキアヴェリは次のように明快に説明する。

「ここで付け加えておきたいのは、君位についた当座、自分に敵意を抱いた人々にしても、いずれ生活のためには、誰かに頼る必要を感じている連中ということだ。したがって、彼らの気持をつかむ気になれば、いつだって容易にできよう。

しかもこの人たちも、いちど立てられた悪評を行動で打ち消したい、せっぱつまった気持をもっているから、君主に忠勤をはげまざるをえない。そこで、あまりに安穏な気持で仕え、君主の用事などほったらかす人々よりも、この人たちの方から、君主は、より大きな利益を得る」
（『君主論』）

これは確かに真実である。思い浮かぶのは、ナポレオンを裏切ってブルボン王朝についた猛将ネー元帥である。ネー元帥は、ナポレオンがエルバ島から脱出すると、ルイ十八世に向かって「ご安心を。この私が奴の首根っこを引っ捕らえてここに連れてまいります」と豪語したのだが、いざナポレオンと対峙すると、「皇帝万歳！」と叫んでその足元にひれ伏してしまった。そして、ワーテルローの戦いでは、真っ先かけて突撃し、武勲を立てようとあせった。あまりにあせったため、結局、ナポレオンの足を引っ張ってしまう結果となるのだが、それはさておいても、「立てられた悪評を行動で打ち消したい、せっぱつまった気持ち」を持っている連中というのは、新しい社長にとっては案外、使いやすいのは事実である。

これに対し、最初、味方についた人々というのは、むしろ、警戒して臨まなければならない。その理由としてマキアヴェリは次のようなことをあげる。

「ぜひ君主が記憶に留めてほしいことがある。それは、敵の内部の支援を足場にして最近、国を手にした君主のばあい、こうした支援者がどんな動機から味方についたかを、よくよく考えてみることだ。かりに支援を惜しまなかった人々が、新君主への自然の敬慕ではなく、ただもとの国に不満があったからという動機でそう動いたのであれば、彼らを味方にしておくのは、君主にとって、とんだ骨折りと足手まといを背負いこむ。なぜなら、新君主は、とうてい彼らの期待にこたえられないからだ」

（『君主論』）

これは特に、第三者割当増資や株買い占めなどによって会社を手に入れて乗り込んでいく新社長は深く心に刻んでおかなければならない真実である。前体制への不満から新社長に好意的であっただけの重役や社員は、自分たちの不満が新社長のもとでは解消されないと判断したとたん、手のひらを返すように敵に回る。

これは、とりわけ、地方自治体に多く見られる例である。県や市の職員の中には、新しく当選した県知事や市長を、自分たちの党利党略だけで支持した人もいるから、新知事や新市長が、自分たちの要求に耳を貸さないときには、すぐに敵対勢力となる。逆に、新知事や新市長が要求を呑むと、かさにきて要求をエスカレートする。かつての美濃部革新都政における、都職員の社・共勢力がこれで、美濃部都知事の「成果」といえば、彼らに迎合して都職員の給料を引き上げたことぐらいである。

というわけで、マキアヴェリはこう結論する。

「もとの国に不満をもち、そのため新君主に好意を示し、彼を擁立《ようりつ》して征服に手を貸した人々を味方にするよりは、旧政権に満足していて、新君主を敵視した人々を味方に引きつけるほうが、はるかにやさしい」

（『君主論』）

第二十五講　自己愛がある限り、追従《ついしょう》には必ず負ける

一時は、偉大なるイノベイター、卓越せる企業家といわれた人が、あっと言う間に失墜し、自分が手塩にかけた会社を石もて追われるごとくに去るケースがあとを絶たない。ダイエーの中内元会長、セゾン・グループの堤清二元会長。

では、こうした偉大な企業家が陥った陥穽とはなにかといえば、それは取り巻きに追従者を集めたことである。マキアヴェリは断言する。

「ここで、はなはだ重大な問題を、つまり君主がまぬがれがたい、ある種の失政について論じておきたい。この失敗は、君主がよほど思慮に富むか、人選に当を得なければ、なかなか避けがたい。それは、宮廷にざらに見かけるお追従《ついしょう》者のことである」

（『君主論』）

では、追従者が社長にとってなぜそれほど危険であり、不可避的に業績悪化、倒産への引き金となるのか？

それは、追従者の賛辞が、社長の自己愛を肥大させ、危機を感じとる能力をマヒさせてしまうからである。ラ・ロッシュフーコーは『箴言集』でこう言っている。

「もしわれわれ自身が思いあがっていなければ、他人の追従がわれわれを毒することはあり得ないだろう」

（『ラ・ロシュフコー箴言集』）

つまり、追従者はいつどこにでもいるが、社長が反省心を失い、おれは偉いんだ、おれほど頭のいいやつはいないと自己愛的に思い込んだとたん、普段は見向きもしない追従者の言葉がモロに利いてしまうのである。社長は、追従者よりも先にまずおのれ自身の自己愛に負けるのだ。自己愛を仮借なき厳しさで見据えたラ・ロッシュフーコーの言葉をあげておこう。

「自己愛《アムール・プロプル》こそはあらゆる阿諛追従《あゆついしょう》の徒の中の最たるものである」

（『ラ・ロシュフコー箴言集』）

ゆえに、自己愛がある限り、人はかならずや追従に負ける。マキアヴェリも、この点はしっかりと把握して、次のように述べている。

「人間は自分のこととなると、じつに身びいきなものであって、この点をつかれると、人にだまされやすいから、このペスト禍から身を守るのはむずかしい」

（『君主論』）

どれくらいむずかしいか、それは、ラ・ロッシュフーコーの次の断定によって明らかである。

「自分は追従を憎んでいる、と人は時どき思いこむ。しかし、それは追従の仕方を憎んでいるに過ぎない」

（『ラ・ロシュフコー箴言集』）

ようするに、自己愛というのはどんな偉大な人物でも絶対に克服できないものであり、追従者がそばにいれば、それをくすぐられていい気持ちになることは明らかなので、その時点で必敗を運命づけられているのである。

第二十六講　追従者をどうやって避けるべきか？

となると、社長が自己愛の肥大をくいとめるには、追従者をそばに置かないようにするしかないが、では、社員全員に、直言を奨励すればそれですむかといえば、これもまたむずかしいのである。

第一には、追従よりも直言のほうが聞いていてうれしくないにきまっているからである。

第二は、直言を許されるとなると、社長に対する脅えとか恐れというものが社員から消え、同時に尊敬も消えてしまうからである。

では、いったいどうすればいいのか？

マキアヴェリはそこで、第三の道を提唱する。すなわち、自分がこれはと選んだ人物だけに直言を許すのである。要するに諮問機関ないしは相談役の設置である。

「君主は、国内から幾人かの賢人を選びだして、彼らにだけあなたに自由に真実を話すことを許す。しかも君主の下問の事がらに限って、ほかの論議を認めないことにする」

（『君主論』）

マキアヴェリの提言で重要なのはこの文の後半である。つまり、社長たるもの、自分が傾聴したいと思う直言だけに耳を傾けるようにして、それ以外の雑音には惑わされないようにすべきだというのである。

なぜ、こうしたシステムを取るべきなのか? それは、他人の直言を聞くのは大切なことだが、決断はあくまで自分で下すようにしなければならないからだ。最終決定権はつねに自分に取っておくことが必要なのである。

「君主は諸般の事項について、彼らに訊ね、その意見を聴き、その後、自分が独りで思いどおりに決断をくださなくてはいけない。(中略)彼らのほかは、誰のことばにも耳をかさず、君主自身の決断をかならず守り、その決断を貫くことである」(『君主論』)

この二つ、つまり、諮問機関や相談役を設けることと、最終決定は自分が下すということの二つはセットであって、このどちらかがないと、それは大きな欠陥となる。

たとえば、諮問機関や相談役を設けず、いっさいを秘密のうちに処理して、いきなり最終決定だけを自分で下そうとすると、それはかえって混乱を招く恐れがある。

「この皇帝は秘密好きの人間で、自分の計画を誰にもあかさず、誰の意見も聴こうとしなかった。ところが実行に移るころ、計画が洩れて全貌が明らかになり、周辺の人から異論が出てくる。と途端に気楽な皇帝は、さっさと計画を撤回してしまう。こんなわけで、今日やりだしたことが、明日にはこわれ、彼がいったいなにを望み、なにを計画しているのか、さっぱり見当がつかなくなり、いつか皇帝の決断など信じられない、という事態を招いた」

（『君主論』）

これは昨今の小泉改革、竹中改革を思わせる記述ではないか。日本国民はいま、「彼がいったいなにを望み、なにを計画しているのか、さっぱり見当がつかなくなり、いつか首相の決断など信じられない、という事態」に陥っているのである。

これと同じような社長は日本中にたくさんいるのではなかろうか。せっかく社外重役制度などというものを設けながら、何一つその社外重役会の勧告など守ろうとせず、いわんや重役会議の意見などには耳を傾けず、ひたすら自問自答を重ねたあげくに、全面降伏の白旗を掲げてしまう社長たちが。

『日経ビジネス』二〇〇二年十一月十八日号の「敗軍の将、兵を語る」に登場している日本コンピュータグラフィックの前社長齋藤四郎氏は、率直にこう語っている。

「今回のような方策［取引先のＴＯＢに応じて所有株式を譲渡］を取ると決めるまで私は自問自答を繰り返しました。そしてふと気づいたのです。私にはこういったことを率直に相談できる腹心の部下がいなかった、いや、最後まで育てられなかった、と」では、相談役や諮問機関があれば、それですべて解決かといえば、そんなことはない。彼らの意見を重視しすぎて、自分で決断が下せないようでは、そうしたものを持たないよりもはるかに悪い事態を招くからだ。

「聡明でもない君主が複数の人の意見を徴していると、けっきょく、まとまった助言が得られないことになろう。また、それを自分の頭で、うまくまとめることもできかねよう。そのうえ助言者は、それぞれ私利私欲を考えるだろうから、君主は、彼らの意見をどう修正し、どう受け入れていいかわからなくなる。まして、助言者が私利私欲に走らないとは、とても考えられない。なぜなら、人はやむをえない状況から善人になっているわけで、そうでもなければ、きまってあなたにたいして邪《よこしま》になるものだ」

（『君主論』）

しからば、社長は、相談役や諮問機関の意見をどう扱えばいいのか？　意見に耳を傾けるべしと判断したときには、できるかぎり率直な意見を求めるが、そうでないときには、他人の意見に左右されてはならないということである。

「君主はつねに人の意見を聴かなくてはいけないが、これは他人が言いたいときにそうするのでなく、自分が望むときに聴くべきである。いや、君主が訊ねるとき以外は、誰にも君主に助言しようなどの気持をもたせないようにすべきである。しかも君主は、幅広く自由な聴き手でなくてはいけない。そのうえ、訊ねたことについて、忍耐強い、真実を知る聴き手でなくてはいけない。いや、畏《おそ》れ敬うあまり、誰かが返事をしないとわかれば、むっとした顔を見せるべきだ」（『君主論』）

ただし、いかに幅広く、率直な意見に耳を傾けたとしても、最終的な決定は、自らの決断においてなすべきである。ここが肝心なのである。丁字ターンという秋山真之《さねゆき》大佐の意見があったとしても、それを採用したのは、東郷平八郎元帥であり、元帥の決断があったからこそ、日本海海戦の勝利はあり得たのである。マキアヴェリも、まさに次のように断言している。

「要するに、このような結論になる。誰からりっぱな進言を得たとしても、よい意見は君主の思慮から生まれるものでなければならない。よい助言から、君主の思慮が生まれてはならない」

（『君主論』）

第十一章

第二十七講　領民の武装とは、社員への権力の委譲と見なすべし

現代の日本人、とりわけビジネスマンがマキアヴェリの著作を読む場合、置き換えがむずかしいのは、軍隊や武装の話が出てくるときだろう。以前に、軍隊を資金の話に置き換えて読み解いたことがあったが、次のような箇所に関しては、いったいどうアナロジーを巡らせばいいのか？

「ある君主は、国を安全に保持しようと思って、領民をことごとく非武装にした。ある君主は、統治下の諸都市の分断を図った」

（『君主論』）

マキアヴェリはしばしばこのように、君主は領民に武装をさせるべきか、それとも非武装にすべきかというかたちで問題を立てている。これを、現代のビジネスマンは何に置き換えて、社長学と関連させるべきなのか？　組員に拳銃を支給する暴力団の組長でもない限り、これをそのまま解釈することはできないから、「武装」というのを何かに置き換えないと教訓は引き出せない。第七講では自国民の武装化＝ストック・オプションとして解いたが、ここではもうひとつ別の解釈を採用してみたい。

ヒントは、「武装」を英語に翻訳して考えてみることによって得られる。武装という言葉の訳語は具体的には arms だが、より抽象的には force となる。ところで、force という言葉は、同時に「権力・権限」とも訳される。つまり、領民を武装化するという箇所を、社員に権限を委譲するというふうに読み解けば、マキアヴェリの『君主論』は、そのまま、現代の会社組織論として読むことができるのである。

すなわち、領民を武装させるということは、社員に大幅な権限［自己裁量権］を委譲し、稟議《りんぎ》の義務化を避けることと解釈する。反対に、領民を非武装化するということは、社員から自己裁量権を取り上げ、なにごとも上役の、より直接的には社長の判断を仰がなくてはならない独裁体制の確立を意味するものとする。

このように置き換えの規則を作っておくと、マキアヴェリの言葉は、現代日本の会社組織論としてにわかにアクチュアリティを帯びてくるのである。
まず、常識的なところからいくと、新社長として、敵対的なムードの濃い会社に乗り込む場合の判断について。

「旧国土のうえに、新しい領土を手に入れて、いわば手足のように併合した国のばあいを考えてみよう。このばあいでは、すべての領民を非武装にしておかなくてはいけない。ただし、征服時にあなたの陰の支援者にまわった人々は除外しておく。そして彼らについても、時の経《た》つにつれて、折あるごとに、女々しく軟弱にしてしまう必要がある。このように、あなたは、自国の兵力を、旧国土にあってあなたの側近としてやってきた配下の兵だけに限るように組織していかなくてはいけない」
（『君主論』）

これはまあ、当然だろう。乗り込んできた新社長に一泡吹かせてやろうと手ぐすね引いている重役や社員に自己裁量権を大幅に与えたりしたら、すぐにでも勝手な行動を始めるだろうから、会社はたちまち空中分解してしまう。

よって、この場合は、重役や社員からことごとく自己裁量権を取り上げ、すべて社長の直接判断を仰ぐよう、独裁体制を敷かなければならない。権限を委譲するにしても、それは完全に、こちらの意向を汲むことのできる人間に限られる。多少の不満が出ようが、どんなことにも稟議を仰がなくてはならないようにしておく。そして、それに違反したものは、降格、左遷、解雇など、あらゆる手段を使って弾圧する。

しかし、こうした社長独裁型の恐怖政治は、けっして長続きするものではない。国家でさえ国民には亡命という手段があるのだから、会社の場合には、退社しようとするものを無理やり引き留めることはできない。つまり、恐怖政治もいいが、そんなことを続けていると、有能な社員がどんどんやめていくことになり、しまいには会社も倒産の危機が出てくる。

そこで、社内の権力の掌握にメドがついたら、社長は、独裁体制を解いて、社員の武装化（権限委譲）を考えなければならなくなる。

第二十八講　社員への権限の委譲こそが会社を強くする道である

では、マキアヴェリは、領民（社員）の武装化（権限委譲）について、どのような考え方をしているのだろうか。

「さて、新たに君主になった人で、領民の武装を解いてしまった者は、これまで一人としていない。いやむしろ、領民が非武装なのを見た新君主は、きまって彼らを武装させた。それは領民を武装させれば、その兵力がそのままあなた自身のものになるからである。そのうえ、あなたに下心をもっていた者が忠実になり、もともと忠誠を誓った人々をもそのままの形で引きつけておける。こうしてたんなる領民が、あなたの支持者にかわる」

（『君主論』）

これは、従来の日本型ピラミッド組織が崩壊しつつある現在において、きわめて示唆に富む言葉ではないだろうか。領民を武装させる、いいかえれば社員に自己裁量権を与えて自由に行動させることは、社員の離反を招くどころか、その社員の兵力（社員の発揮する能力）が、そのまま会社の業績となって跳ね返ってくるというのである。しかも、権限委譲を行えば、敵対的だった社員も、また好意的だった社員も、ともに、強力な社長支持者に変わるというのだから、こんなにいいことはない。

いったい、なぜなのか？

それは、社員にとって、とりわけ日本の会社員にとって、与えられた権限を行使し、それに見合った報酬を得るということが、会社にとどまって出世を願う最大の理由にほかならないからである。経済学者の森永卓郎氏は『リストラと能力主義』（講談社現代新書）で、日本の会社の年功序列制の特徴について、こう語っている。

「日本的雇用慣行のなかでは、たとえば昇進はしたくないが高い給料が欲しいとか、給料は安くていいから、自分の好きな仕事だけを続けたいという要求は通らないのである。年功序列制だから高い給与をもらおうと思ったら昇進しなければならないし、面白い仕事をしたかったら昇進して下働きから脱却し、権力を握ることによって仕事の自由度を上げなければならない。だから、本来個々人ごとに異なっていた働くことの目的が、昇進を目指すことに集約され、そのことが会社人間を大量生産することにつながっていくのだ」

つまり、日本の会社員が苛酷な出世競争に耐え、相対的な低賃金を我慢しているのは、出世して高い地位に就き、仕事の自由度（自己裁量権）を得たいがためなのである。いいかえれば、労働の本質は、自分がおもしろいと思った仕事を自由にやって、それに見合った報酬を得る「自由業・個人事業主」にあり、社員は、会社の中での「自由業・個人事業主」になりたいがために、じっと我慢を続けているということになる。

ならば、労働意欲を最大限に引き出すには、全社員に権限（自己裁量権）を委譲すればいいということになる。つまり、それぞれの社員に、権限とそれとセットになった責任を与え、すべて、自己責任の原則で仕事に打ち込んで利益をあげるようにつとめさせれば、労働効率は最もよくなるのである。

具体的な例をあげてみよう。

あなたがレストランのチェーンを経営しているとする。それぞれの店の店長を完全にサラリーマン化して、その店がどんなに利益をあげても、それが店長の報酬と権限の拡大につながらないとしたら、その店長はすぐにやる気を失うだろう。反対に、店が利益をあげればあげるほど、店長の報酬と権限が増大するとしたら、その店長は猛烈に働くにちがいない。ようするに、店長に個人事業主的な自己裁量権を与えたほうが、労働効率は高くなるのだ。

また、店長自身も、店員に対して同じことをしたほうが、利益はあがることになる。たとえば、便所掃除の係の人間に、便所掃除に関する自己裁量権を与え、いかに効率的にしかもきれいに掃除ができるかを徹底的に考えさせ、その成果に報酬で報いれば、その人はかならずや意欲的に働くにちがいない。

もちろん、社員のこうした個人事業主化には抵抗もあるだろう。その場合には、この方針に賛成した社員に対して厚遇を与え、だれもが個人事業主的社員になりたがるように工夫すればいいのだ。マキアヴェリはこの点に関して、次のように言っている。

「かりに領民すべての武装化ができなければ、武装した一部の人々にだけ、特別の恩恵をほどこせば、他の者については、さらに安心して対処できる。しかも、武装した人々は、彼らが受けた処遇の差を知って、いっそうあなたに恩義を感じるだろう。いっぽう、他の者にしても、前者が危険度が高く、責任もより重いのを知って、褒賞がいちだんと厚いのもやむをえないと解釈して、あなたの態度を許してしまう」

（『君主論』）

ようするに、まことに逆説的なことながら、国家でも会社でも、領民や社員に権限委譲を行ったほうが、領民や社員のパワーが引き出せるから能率的に組織を運営することができ、ひいては国力や会社の力を高めることができるというわけである。

第二十九講　権限委譲は、城塞（人事部）の解体から

しかし、社長にとって、社員に権限委譲を行うことは両刃の剣である。なぜなら、権限委譲をした社員がその権限をフルに使って、しかも、会社のためというよりも、自分一人の利益のために活動したら、権限委譲は、会社のためにマイナスにしかならないからだ。

また、権限委譲をすることによって、社員が自分は社長と対等だと思い込み、社長に楯突くこともあるし、また、自己裁量権をもっと強くしたいと願って、独立して新たな会社を興すこともあるだろう。社員を武装化することで、クー・デターを起こされる可能性が強まるというわけである。

こうなると、社長としては黙っていられない。あるいは、実際にそうしたことが起きなくても、社長が社員に対して疑心暗鬼に駆られる。そうなったら最後である。いったん委譲した権限を取り上げようと努めたあげく、社員の気持ちまで離反させてしまう。

マキアヴェリは、こうした当然予想しうる事態に対して、どう答えているのか？

「これにひきかえ、あなたが領民の武装を解除してしまうと、あなたは領民の心を傷つける。つまり、あなたが領民を警戒するのは、臆病風に吹かれてか、あまり信用していないからかと、あなたのそんな心境を露呈したことになる。いずれの推測も、彼らにあなたへの憎しみを植えつける」（『君主論』）

これぐらいなら、最初から権限委譲などしなければよいのだ。つまり、社員に自己裁量権を与えたときに起きる結果を恐れる気持ちが少しでもあるうちは、権限委譲はやめたほうがいい。

しかし、いまの時代は、かつてのようなピラミッド型の会社組織ではやっていけなくなっていることもたしかである。ならば、やはりこのさい、思い切って権限委譲を行い、社員が十分にその能力を発揮できるような方策を見いだすべきなのである。

では、権限委譲は、まずどのようなところから始めるべきなのか？　マキアヴェリの次のような言葉は、社長にとっておおいに参考になる。

「従来、君主は国をより安泰にしようとして、城塞を築く習わしがあったが、これは、反乱を企《くわだ》てる者への、轡《くつわ》とか手綱の役になればと思って、敵の急襲に備える安全な避難所を確保するためだった。この手段は古くから用いられており、これに、わたしも賛成である。だが現代では、ニッコロ・ヴィテッリ公が国を護るために、あえてチッタ・ディ・カステッロの二つの堡塁《ほうるい》をぶち壊したのを見ている」

（『君主論』）

国家にとっての城塞とは、会社にとってのなんなのか？　巧みにアナロジーを巡らすなら、「反乱を企てる者への、轡とか手綱の役」ということだから、言うことを聞かない不満分子や反乱分子を抑えつける会社の権力維持装置、すなわち、人事部に相当すると見てよい。

なんと、マキアヴェリは人事部を解体せよ、と主張していると解釈できるのだ！

これは突飛なアナロジーだろうか？

そうとも限らない。なぜなら、社員への権限委譲を徹底して行い、プロ野球の球団のように社員全員を自己責任の個人事業主扱いにしようとする先鋭的な会社では人事部の解体、あるいは人事部業務の外注（アウト・ソーシング）は必然的な結果として出てきているからである。先に引用した著書の中で森永卓郎氏は、これからの会社は人事部による統治を廃止して、その代わりに企業理念による社員の統治を始めなければならないとして、こう言っている。

「知的創造型の企業で経営者がやらなければならないことは、リーダーシップを発揮して自らの判断で会社を引っ張っていくことではない。思い切った権限委譲をしたうえで、一人ひとりの社員が一つの目標を共有できるように、手を替え品を替えて常に企業理念を普及していくことである」

甘いと思う人が多いのではないか。企業理念だけで会社がやっていけるのかと、だれしも思うだろう。ところが意外にも、マキアヴェリも同じようなことを言っているのである。

「国外の勢力を恐れるより、自国の領民を恐れる君主は、城を築くべきだ。ただし自国の領民よりも外敵を恐れる君主は、築城を断念すべきだ。（中略）もし最上の要塞があるとすれば、それは民衆の憎しみを買わないことにつきる。なぜなら、どんな城を構えてみても、民衆の憎しみを買っては、城があなたを救ってはくれない。民衆が蜂起すれば、きまって民衆を支援する外国勢力がやってくるものだ」

（『君主論』）

マキアヴェリの前衛性。このことを痛感せずにはいられない言葉である。

第十二章

第三十講　旗幟《きし》鮮明な態度こそが会社を救う

日本という国にとって最も苦手なのは「旗幟鮮明」ということではなかろうか。つまり、近隣で抜き差しならぬ国際紛争が起きたとき、その当事国のいずれかに対して、自分は味方であるとはっきり知らせると同時にもう一方の国には敵であると宣言すること、これこそが日本外交にとっては一番避けて通りたい決定なのである。できるならば、態度をあいまいにしたまま紛争が終わるのを待ちたい。どちらの味方にも敵にもなりたくない。

しかし、そうして様子見を決め込んでいるうちに、紛争はどんどん長期化し、却って決断を下すのが難しくなり、そのうちに、よく考えもせずに、エイ、ヤッと、加担を決めてしまい、とんでもない結果に至る。これを、明治以来の外交は繰り返しているのである。

おそらく、それは島国国民という民族性から来ているのだろうが、しかし、問題なのは、この優柔不断な性格が個々の日本人の行動においても観察されることである。ビジネスについていえば、外資系のパートナー選びのような重大な決定でさえも、こうした民族性がついつい顔を出すようだ。

これに対して、マキアヴェリは、こう断言している。

「また君主は、どこまでも味方であるとか、とことん敵であるとか、いいかえれば、この人物を支持し、あの人物は敵視するということを、なんのためらいもなく打ち出すこと、それでこそ尊敬されるのである。いずれにしても、どっちつかずの態度より、この方策のほうがつねに有効であろう」

（『君主論』）

これは、われわれが常識的に考えるマキアヴェリの思想からは、一見すると遠いようにも思える。というのも、弱肉強食の世界では、信義など無視して強い者の側に付けというのがマキアヴェリの繰り返し述べていることのような気がするからだ。ところが、実際には、マキアヴェリは、日和見主義とは逆のことを主張しているのである。

「なぜなら、かりにあなたの近隣の二人の強者が、なぐり合いを始めたとすれば、いずれどちらかが勝利をつかむ。この勝利者は、あなたにとって、こわい存在か、こわくない存在かのいずれかである。どちらにころぶにせよ、あなたは自分の立場を明らかにして、堂々たる戦いをやるほうが、より有利であろう。

かりに第一のばあい、もし立場を鮮明にしておかなかったなら、あなたはかならず勝利者の餌食《えじき》になる。いや、敗者側のうっぷんばらしの好い餌食にされてしまう。やがて、自分を守ろうにも、誰かがあなたを庇《かば》うとしても、名分が立たず、手をさしのべてもらえなくなる。というのは、勝利者は、逆境のときに助けにならない怪しげな者を味方にしたがらない。かといって敗者の側も、すすんで武器をとって自分たちと共に命運を賭けようとしなかったあなたなど受けいれてはくれない」

（『君主論』）

欧米のゲオポリティクスにおいては、たとえ個人だろうとも、この旗幟鮮明の立場表明がきわめて重要なものとされるのだ。

そのよい証拠が、ヤクルトを退団して巨人に入団したペタジーニである。ペタジーニの〈保護者〉である年上妻は、ペタジーニが巨人からデッドボールを受けたとき、ヤクルトの投手が報復デッドボールを投げなかったり、あるいは若松監督が審判に執拗に抗議しなかったことを退団の理由にあげていたが、日本のマスコミは、これをヤクルトを袖にする口実としか捉えていなかった。

しかし、違うのである。欧米においては、仲間が屈辱や攻撃を受けたときに、積極的に加勢して戦わない者は、敵の味方、と見なされるのだ。野球やアイスホッケーの試合でも、当然、集団乱闘になったときには、原因がなんであれ真っ先に加勢に向かわなければならないという不文律がある。ペタジーニ（というよりも、その妻）は、ヤクルトの選手や監督は、この不文律に違反したと見なしたのである。

つまり、どんな戦いにおいても、必要なのは、味方なら味方、敵なら敵、そのどちらでもいいが、とにかくはっきりとどちらかに「旗を上げる（これがいわゆる show the flag 日本風にいえば旗幟鮮明にする）」ことなのだ。この感覚が日本人にはなかなかつかめないのである。アメリカのアフガニスタン攻撃で、日本政府がこの言葉を誤解して、頼まれもしないイージス艦派遣を決定し、アメリカを面食らわせたことは記憶に新しい。

ところで、昨今、スポーツの世界のみならず、不良債権の処理を巡って、さながらライオンの死骸に群がるハゲタカのように強力な外資がいくつも押し寄せてきて、日本の市場で買収や資本参加を狙っているが、こうした状況にあっては、日本の社長といえどもこの「旗幟鮮明」の論理で思考することを強いられるはずである。とくに、外資の大手が二つ、「なぐり合い」を続けながらともに日本に上陸し、こちらに旗幟を鮮明にするよう求めてきたら、そのときは、いつまでも中立的態度を取って、傍観を決め込んではいけない。外資は、敵か味方かをはっきりさせたがるからである。したがって、日本の社長は、次のマキアヴェリの言葉をしっかりと心に刻んでおいたほうがいい。

「味方でない者が中立を要求してきたり、味方の側が、さあ武器をもって立ちあがれと要請するなどは、ざらに起きることであろう。このとき、決断力のない君主は、当面の危機を回避しようとするあまり、多くのばあい中立の道を選ぶ。そして、おおかたの君主が滅んでいく」

（『君主論』）

だが、もし旗幟鮮明にして、どちらかの側にはっきりと加担したはいいが、その選択が誤っていたらどうするのか？　味方した側が大敗して、こちらにも累が及ぶくらいなら、いっそ、どちらにも加担しないほうが賢明ではないか。しかし、これは考えが足りない浅知恵だとマキアヴェリは言う。なぜなら、たとえ決断の結果が凶と出ようと、決断しないよりはましだからである。

「これとは逆に、君主によっては、勇敢に一人の人物の側に立つと旗幟《きし》を鮮明にする。このばあいでは、もし加勢したほうが勝利を握れば、勝利者がどんなに強力で、彼の意志のままにあなたが操られたとしても、彼はあなたに恩義を感じる。そして友情の絆《きずな》で結ばれる。それに人間は、そこまであなたを虐《しいた》げて、恩知らずの見本になるほど、不実なものでもない。そもそも勝利をつかんだといっても、勝者がなんの気遣いもせず、まして正義に関する配慮もなく、それですむような完璧な勝利などありえない。

またかりに、加勢した者が負けたばあいでも、あなたはその者から迎えてもらえる。力のおよぶかぎり、あなたに声援もしてくれよう。そしてあなたは、いつかふたたびめぐりくる運命の同伴者ともなろう」（『君主論』）

とはいえ、ここで誤解してはいけないのは、旗幟を鮮明にすることと、おっちょこちょいで、勝手に敵・味方を名乗って出ることの違いである。決断にはタイミングが重要であり、タイミングを外した決断はむしろ害を招くケースが多いのだ。

「ここで、もういちど覚えておいてほしいのは、いま述べたように、君主は必要やむをえないばあいのほか、自分より強力な者と手を組んで、第三者に攻撃をしかけないことだ。その理由は、勝利を収めても、その者の虜囚《りょしゅう》になってしまうからだ。君主はできるかぎり、他人の意のままになるのを避けるべきである」

（『君主論』）

ようするに、問題は、旗幟を鮮明にすべきときには、決定を先延ばしにしたりせず、断固として決断しなくてはならないが、そうでないときには、安易に強きに与《くみ》する必要はないということである。

ただし、いざ、決断を迫られたら、絶対に、決断を遅らせてはならない。選ぶことよりも、選ばないことのほうが危険が大きいことはいくらでもあるのだ。いや、極端にいえば、たとえ誤った決断をしてしまったとしても、決断をしなかったよりもましというケースさえある。日本経済をズタズタにしてしまった不良債権問題などはこの典型だろう。マキアヴェリの次の言葉はわれわれ日本人の胸に突き刺さる。

「弱体な国家がもついちばん悪い傾向は、決断力に乏しいということだ」

（『政略論』）

決断を迫られるのはそのときだけではなく、ある意味で、どの瞬間も決断の連続なのである。これについて、マキアヴェリはこう言っている。なんとも含蓄のある言葉ではなかろうか。

「ともかく、どこの国もいつも安全策ばかりとっていられるなどと思ってはいけない。いやむしろ、つねに危ない策でも選ばなくてはならないと、考えてほしい。物事の定めとして、一つの苦難を避ければ、あとはもうなんの苦難にも遭わずにすむなどと、とてもそうはいかない。思慮の深さとは、いろいろの難題の性質を察知すること、しかもいちばん害の少ないものを、上策として選ぶことをさす」

（『君主論』）

第三十一講　部下に対しても旗幟鮮明は必要だ

決断を下すべきときに決断を下し、旗幟を鮮明にすべきなのは、社外の勢力に対してばかりではない。社内の勢力、とりわけ部下に対して、社長は、はっきりと自分が味方であるか否かを示す必要があるのだ。

「君主は〔実力のある人物を重用《ちょうよう》し〕、一芸にひいでた人を賞揚して、みずからが力量ある人に肩入れしていることを示さなければならない」（『君主論』）

このことは、会社のリストラのために、外部から乗り込んできた新社長について、とりわけ当てはまる。社内の改革派および改革の能力のある人物がいるなら、思い切って、その人物を抜擢し、責任ある地位と報酬を与えることが求められるのである。

経営コンサルタントとして十六年にわたり、赤字会社の再建を指導し、二〇〇二年の六月から、株式会社ミスミのCEOに就任した三枝匡氏は、『日経ビジネス』の二〇〇二年十二月二日号の「編集長インタビュー」でこう語っている。

「まず認識すべきなのは、どんなに閉塞状況にある組織にも、それを打ち破るエネルギーと価値観を持った人は、少人数ながら、必ずいることです。

組織には持続的に改革を推進できる人と、リーダーシップはないけれども、改革者を支える人がいる。残りはほとんどが傍観者で、心情的には賛成だけど、様子見を決め込む人、本当は面白くないと思っているが、反対は唱えない人がいる。さらに表立って反対を唱える人、抵抗の言葉を残して辞める人がいます。

これは人間社会なら、どんな組織でもおおむね同じです。重要なのは、改革マインドを持った人を、正しいタイミングで育て、しかるべきポジションに就かせることです。(中略)日本人は、熱くなる、燃える、頑張る、といった気概を失ってしまったようです。そんな中で、数少ない改革マインドを持った人に光を当てる。これが経営者の重要な役割です」

その通りだろう。社員全員に対して改革を訴え、協力を呼びかけることはむろん必要だが、その訴えの届く人がいたら、その人の声に耳を傾け、意見が傾聴すべきものであれば、その人を思い切って抜擢することこそが社長の任務なのである。

第三十二講　有能な秘書官を選ぶことはリストラに臨む社長にとって最も重要だ

しかし、改革マインドを持った人材を抜擢しようとしても、外部から乗り込んだ新社長には、いったいどうやってそうした人材を見いだしたらいいか、それがわからない。こうしたときにはどうしたらいいのか?

この疑問に対して、先のミスミのCEO、三枝氏は、こう答えている。

「外部から行くわけですから、最初の人選はある程度、中にいる人に任せなければなりません。ここで陳腐なメンバーしか選ばないようだったら、私は最初からやりません。少々冷たいようですが、『しばらくそのまま、のたうち回っていたらいかがですか』と言います」

ここからも理解できるように、優れた人材を抜擢するには、まずその人材を抜擢する能力のある人、つまり、有能な人材を見分けることのできる優れた秘書官を抜擢する必要があるのだ。しかし、それについては、社長自らの能力が第一に問われることになる。

「君主にとって、秘書官を選定することはけっして軽々しい仕事ではない。君主の思慮一つで、よい人材が得られることがあり、そうでない人物が用いられることもある。そのため、ある君主の頭脳のよしあしを推測するには、まず最初に君主の側近をみればいい。側近が有能で誠実であれば、その君主は聡明だと評価してまちがいない。それは、君主が彼らの実力を見抜ける人であり、彼らに忠誠を守らせているからである。

ひるがえって、側近が有能でなければ、どうあってもその君主によい評価を与えるわけにはいかない。彼がこの人選で、最初の間違いをしたからである」

（『君主論』）

この秘書官、会社でいえば社長室長、あるいはもっと権力のあるものとしてのCOO、つまり、君主、大統領に対する首相の人選こそが、外部から来た社長がおのれの命運をかけて行わなければならない仕事なのである。

では、有能にして忠実な秘書官、あるいは代表執行者を選ぶにはどうすればいいか？

マキアヴェリの答えは意外にも平凡である。

「それでは、君主はどういうふうに、秘書官の人物を知ることができるか。これには、ぜったいに間違わない見分け方がある。すなわち秘書官が、あなたのことより、自分のことをまず考え、どんな行動にも私益を求める人物と映れば、このような人物を、けっしてよい秘書官とはいえないし、気を許すわけにはいかない」（『君主論』）

まあ、それが見抜けるくらいだったら、すでにして英明な社長であるわけだが、しかし、それほど賢い社長でなくとも、選んだ秘書官、ないしは代表執行者を忠実にする方法はあるとマキアヴェリは言う。

「君主は、秘書官に忠誠心をもたせるために、名誉を与え、暮らしを豊かにし、恩義をかけ、栄誉と責務とを分かちあって、彼の身の上のことを考えてやらなければいけない」（『君主論』）

ようするに、いったん有能と見なした秘書官（代表執行者）に対しては、旗幟を鮮明にして、徹底的にこれに味方し、保護して忠実にする。これがリストラに乗り出す社長が最も緊急に行わなければならないことなのである。

第十三章

第三十三講　凡庸な社長が二代続いたら、その会社はおしまいだ

はっきりした統計があるわけではないので、確かなことはいえないが、現在、日本で社長を名乗っているかなりのパーセンテージが、世襲の、つまり、親からその地位を譲り受けた二代目、三代目の社長によって占められているのではないか。なぜなら、日本の株式会社や有限会社は、個人営業の商店や工場が法人にかたちを変えたものにすぎず、旧来の慣例にならって、子供が跡目を継ぐ形で社長になるケースが多いからである。

したがって、本来なら、社長学と銘打つような本は、すべからく、世襲の社長にとって一番役にたつようなものでなくてはいけないのだが、実際には、こうした観点からの

ものは意外に少ない。マキアヴェリの『君主論』も、新しく君主となった者の心得を中心にしている。しかし、探してみれば、ここには世襲の君主（社長）の地位にとどまり続けるための方策もしっかり書き留められている。

マキアヴェリは、まず、世襲の君主のほうが、新しく君主になった者よりも統治はしやすいと断言する。

「国を保持する難しさは、新たに生まれた国に較べて、君主の血統になじんできた世襲国家のほうが、いたって少ないといえる。それは、後者にあっては、父祖から受け継いだ慣習をおろそかにしなければよく、しかも不測の事態が起きれば、時をかせいで解決を待てばよいからだ。こうして君主は人なみの心がけさえあれば、まんいち途轍《とてつ》もなく強い勢力が現れて、身分を奪われでもしないかぎり、君位はつねに安泰である」（『君主論』）

つまり、世襲社長が「凡庸」のレベルでも、先代が敷いてくれたレールの上を走ってさえいるなら、なんとかその会社はやっていけるのだ。それは、太陽王ルイ十四世の後に、ルイ十五世という凡庸な君主が王座に座っても、フランス王国が崩壊せずに済んだ例からも明らかである。

しかし、その凡庸な社長の次にもう一代、凡庸な社長が続いたら、今度こそはおしまいである。

「卓越した君主のあとを受けて、迫力に欠ける君主が出たところで、国家はもちこたえていける。しかし、このような弱々しい国王が二代重なって位についたら、（中略）とてもその国は維持できるものではない」（『政略論』）

まさに、マキアヴェリの言う通り、ルイ十五世のあとに、同じく凡庸な（というよりももっと凡庸な）ルイ十六世が即位したために、フランス革命は起こったのである。

では、たとえ凡庸な人物が社長になっても、会社を倒産させずに済む方法というものはないのだろうか？

それは、先代が残してくれた立派なシステムを踏襲すること、これ以外にないとマキアヴェリは言う。

「昔から長いあいだにわたって人びとが慣れ親しんできた法律や制度や習慣を、

君主みずからぶちこわしたときに、国家は彼の手のなかから離れはじめることを、君主は肝に銘じるべきだ。(中略)

したがって、君主が権威を保っていくための方法を学ぼうとするなら、べつにあれこれと苦労に耐えなければならぬのではなく、ただ賢君の生涯を鑑《かがみ》としておのれの姿勢を正せばよい」(『政略論』)

ところが、これは言うは易く、行うは難しの典型なのである。凡庸な二代目、あるいは三代目は、凡庸であればあるほど、それまでうまくいっていた部分を直したがるものなのだ。それも、ごくつまらぬ、たとえば、命令系統やセクションの構成のような、どうでもいいような制度をオモチャのようにいじって、かえって社内に混乱を招き、社員のヤル気を失わせてしまうのである。

あるいは、先代がさまざまな試行錯誤から割り出して一業専念という立派な理念を生み出したのに、二代目が多角経営や株取引、不動産取引に乗り出して失敗したために、順調な本業のほうまでダメにしてしまうケースも少なくない。二代目の新機軸は、その社長がよほどの切れ者でないかぎり、まず、うまくいくことはないのだ。凡庸な社長はおのれの凡庸さを自覚して、旧套墨守《きゅうとうぼくしゅ》の路線でいくべきなのだ。いったい、多角経営路線で日本の老舗企業がいくつ倒産したことだろうか。

それともう一つ、凡庸な二代目社長が犯しやすい失敗は、先代の専制主義を緩和して、社員に自由を与えようとすることである。しかも、その自由というのが、社員に権限委譲して自主性を引き出す類いのものであればまだいいのだが、たいていは、たんに規律を緩め、組織を弛緩させるものでしかない。こうした場合には、せっかく先代社長が作り上げた万全のシステムにも破綻が生じ、会社の命運はかならず傾いていく。この点に関して、マキアヴェリは、なんとも辛辣なことを言っている。

「先賢の遺訓に倣いさえすれば、君主の道をまっとうすることなどいたって容易なこととなる。

なぜなら、人民は善政に浴している限り、自由などはとくに求めもしなければ望みもしないからだ」

（『政略論』）

第三十四講　先代のやり方を踏襲していても、時代の流れを読み取ることができなければ、いずれ会社は潰れる

このように凡庸な社長でも、先代が残してくれたシステムを踏襲し、教訓によく学び、改革は部分点検や補修にとどめておけば、まず会社を潰すことはない。

しかし、いずれ、それではダメな時がやってくる。時代の流れが大きく変わり、旧套墨守では通用しなくなる瞬間がいつか必ず訪れるのである。

「いつでもきまった手しか打てない人は、時局の動きにつれて脱皮することができない。時勢が変わって、それまでの方法が通用しなくなると、必然的に破滅するよりほか仕方がない」

（『政略論』）

マキアヴェリが、凡庸な君主（社長）が二代続くと、その国（会社）は破滅だという

のは、こうした点を捉えているのだ。つまり、凡庸な社長でも、二代目の在任中には大きく時代が変わる可能性は少ないが、その在任期間が長引いたり、あるいは三代目も凡庸だとすると、時代が転換する瞬間がやってきて、その会社の命運は尽きるということである。

起こるべきことは必ず起こるのである。

しかも、困ったことに、たとえ二代目、三代目の社長が極めて優れた人物であっても、時代が大きく変わるときには、それに即応するのはなかなか難しい。それには、二つの理由があるとマキアヴェリは言う。

「時代に合わせて行き方を変えることのできぬ理由として、次の二つがあげられるだろう。第一に、生まれ持った性格にはどうしても逆らえない。第二に、いったんある方法を用いて上々に成功した人物に対して、こんどは別の方法を採用したほうがうまくいくと信じさせるのは至難のわざだ。こうして、ひとりの人の運命《フォルトゥナ》はいろいろに変わってくる。時勢は刻々に移り変わるのに、それに対応して人は行き方を変えることをしないからである」

（『政略論』）

このうち、現在、日本が置かれている経済状況に関して示唆的なのは、第二の理由である。すなわち、右肩上がりの時代にうまくいった方法を再び採用したのにうまくいかなかったのは、時代が変わったということを認識できなかったからである。

全体的なトレンドが上昇基調にあった時代には、たとえ景気が一時的に落ち込んでも、政府がカンフル剤として公共投資を行えば経済は回復したから、企業は、多少の不良債権を抱えても、それを先送りして様子見を決め込んでおけば、そのうち不良債権は解消された。日本中の社長たちは、これまで何度もこの手で成功してきたから、今度もうまくいくと思ったのである。それが間違いの元。バブルで頂点にのぼりつめたトレンドは、その後、二度と上昇に転じることなく、一貫して下降基調をつづけ今日に至っている。先送りされた不良債権はますます拡大するばかりである。

同じように、マンション価格が下がり始めたとき、そろそろここらが底値と判断して買いに入った消費者も痛い目にあった。バブル期には八千万円した八〇平米のマンションが五千万円に下がったから、それっとばかりに買い込んだら、そのとたん、半値の二千五百万円になってしまったという人も多いのではないか。

このように、いったん時代の大きなトレンドが変わったら、過去の経験則は当てにならないのである。たとえば、一般に、株の暴落は最高値の半値八掛二割引で底打ちするといわれてきたが、日経平均は、最高値の四万円弱の半値八掛二割引の一万二千八百円を割り込んで、その後、一万八千円を付けたものの、再び一万五千円を割ってしまった。

第三十五講　幸運を実力と取り違える弱い社長に救いはない

では、なぜ、このように、時代の転換を読み取ることのできない社長ばかりが多いのか？　それは、たんに時代の波に乗った幸運児であるにすぎないのに、その幸運を自分の実力のなせるわざであると錯覚する弱い人間が多いからである。

「彼ら［弱い人間］は幸運《フォルトゥナ》に恵まれると、得意がり、有頂天になる。幸運《フォルトゥナ》はすべて、ありもしない自分の実力《ヴィルトゥ》のおかげだと言いはる。こうして、彼らは周囲の人びとから、鼻もちならない存在になり、憎まれるようになる。こうしてまもなく、運命《フォルトゥナ》の逆転にみまわれてしまう。彼らの表情にありありとそのことが表われ、とたんにうってかわって弱みに沈んで行き、卑怯な卑屈な人間になり下がる」

（『政略論』）

バブルとその崩壊の過程で、日本には、何百万人のこうした運に見放されたかつての幸運児、いわゆる元バブル紳士の社長が生まれたことだろう。いや、元バブル紳士にかぎらない。日本という国自体がまさに、こうしたバブルに浮かれたあげくに意気消沈するダメ国家になり下がってしまったのである。マキアヴェリはこうしたダメな国の典型としてヴェネチアをあげ、その原因は教育にありと断言している。

「ヴェネツィアのようなふるまいをする国では、こうした事態はつねに起こりうることだ。なぜならば、このように幸運《フォルトゥナ》に恵まれれば得意になり、逆境に沈めば意気消沈する態度は、君たちの生活態度とか、受けてきた教育から生ずるものなのである。教育が浅薄であれば、君たちはそれに似てくる」

（『政略論』）

たしかに、そう言われればその通りかもしれない。わたしたち日本人が戦後に受けてきた教育はというと、横並びでの微差の競争原理によるもので、皆がある方向を向けば自分もそちらの方向について行くこと、つまり「同じ方向で遅れない」というのが大原則なのである。日本人は、九九人が同じ方向でも、自分は反対の方向に行くという逸脱はいっさい許されない教育を受けてきたのである。だから、ほかの人間がバブルに浮かれていれば、自分も浮かれないわけにはいかず、その結果、しまいには国家全体が浮かれ出し、ありもしない価値を国家の実力と勘違いしたのである。そして、ひとたび、時代のトレンドが変わると、われもわれもとリストラに走り、財産の投げ売り競争に走るから、たちまちデフレ・スパイラルになって、国全体が意気消沈して、鬱状態に陥ってしまうのである。

しかも、こうした弱い人間というのは、不運や逆境にみまわれると、責任を持って敗戦処理をすることができずに、敵前逃亡を決め込む。社長がそんな人間であったら、企業はまず絶対に立ち直れない。

「こういう性質の君主は逆境にみまわれれば、防衛することよりも、逃げることしか考えない。しかも彼らは、幸運《フォルトゥナ》に恵まれているときには平和な状態をうまく活かさず、防備についてはなにひとつ配慮しない」（『政略論』）

これがマキアヴェリがダメな君主（社長）の特徴としてあげる二つの主な性格なので

ある。つまり、幸運に恵まれたときには、万一の際に備えての防備などということは考えもせずに浮かれさわぎ、逆境にみまわれると真っ先に逃げ出す、これである。読者も、周囲を見回してみれば、こうしたダメ社長にいくらでも出くわすことであろう。

マキアヴェリは、『君主論』の中で、イタリアの君主の多くが領土を失ったのは、この弱い性格によるものだと苦い口調で次のように総括している。

「永年、君位についていたイタリアの諸君侯が、しまいに国を奪われたからといって、責任を運命に負わせては困るのだ。これは、彼ら君主の怠慢のせいである。――いいかえれば、凪《なぎ》の日に、時化《しけ》のことなど想ってもみないのは、人間共通の弱点であって――彼らもまた、平穏な時代に天候の変わることをまったく考えなかった。いざ雲行きがあやしくなると、逃げることだけ考えて自国の防衛など思いもしなかったのだ。ただただ、いつかは民衆が征服した為政者の横暴にたまらなくなって、自分を呼び戻してくれると、一縷《いちる》の望みをもったのだ。

ほかに打つ手がないときなら、この方針もよかろう。だが、この方針だけをあてにして、ほかの対策を見捨てたのでは、まことに始末がわるい。ちょうど、誰かが助け起こすのを期待して、あなた自身がすすんで倒れこむようなものだ。誰かが助け起こしてくれるような事態は、まず起こりはしない。かりに起きたところで、そんな備えは、あなたの意志によるのでなく、臆病から生じたものだから、安全策とはなりえない。つまり、あなたの自身とあなたの手腕にもとづく防衛のみがりっぱで、確実で、永続きするものである」　（『君主論』）

いまや、日本は個々の企業ばかりではなく、国家がこの状態になっている。誰かが助けに来てくれるということはありえない。おまけに、最後の切り札とされた「君主」も逃げ出しかかっている。いよいよ、正念場が近づいているようである。

第十四章

第三十六講　社長の気質は変えがたい。ゆえに、気質ではなく社長のほうを替えるべきである

世の中には、自分の意志ではどうにもならないものが二つある。

一つは当然、運命（時代）。もう一つは気質（性格）。ラ・ロッシュフーコーは「運と気質が世を支配する」（『ラ・ロシュフコー箴言集』）と断言している。

このうち、運命が人間の力で動かしようがないのはよくわかるが、気質（性格）というものもそれほどに変えようがないものなのだろうか？

しかり、というのがマキアヴェリの答えだ。前章に引用した言葉をもう一度嚙みしめ

てみよう。

「生まれ持った性格にはどうしても逆らえない」（『政略論』）

たとえば、果断な人が慎重に、慎重な人が果断に、それぞれ振る舞おうとしても、自分にない気質は補いようがない。果断な人は、慎重に行動しなければならないときでも、大胆な振る舞いに出る誘惑には逆らえないし、慎重な人は思い切った決断を要求されるときでも、熟慮するくせを捨てることができない。

では、この気質のどちらが社長に向いているかといえば、それは時と場合によるとマキアヴェリは言う。

「用意周到な二人の人物が、いっぽうは目標に達し、もう一人はできなかったということが起きる。また、一人が用意周到で、もう一人が果断な男というふうに異なる気性をもちながら、両人とも互角に成功するばあいもある。これは、彼らの行き方が、時代の性格とマッチしていたか、いなかったかの一事から生じる。両者が、異なる行動を取っても同一の結果が生じたり、両者が同じようにふるまっても、目的に達する者と達しない者がでるのも、いま述べたことからきている」

（『君主論』）

じっさい、時代に勢いがあって好景気に向かうときには、慎重な社長よりも果断な社長のほうが向いているし、反対に、時代が勢いを失い、不景気が到来しそうなときには、果断な社長よりも慎重な社長のほうが舵取りはうまくいく。また、好景気、不景気の波の長さも関係がある。波が長くつづくのか、それとも短い周期で交替するのか、それによっても、気質の向き不向きはある。

とりわけ、気質との組み合わせがむずかしいのは、時代が大きく変わろうとしているそのときである。というのも、時代が変わっても、気質のほうはそう簡単には変えられないからである。マキアヴェリはしばしば、これを違う表現で繰り返して述べている。

「もし、慎重に忍耐づよく国を治める君主の、その政治が、時代や状況のめぐり合わせとうまく合っていれば、繁栄へと向かう。だが時代も状況も変化してしまえば、衰微する。なぜなら、君主が行き方を変えないためである。それにしても、こうした状勢に即応できる賢明な人間はなかなか見あたらない。

その理由は、人間はもって生まれた性質に傾いて、そこから離れられないからである。もう一つのわけは、ある道を進んで繁栄を味わった人は、どうしてもその道から離れる気になれないということだ。だから、用意周到な人が、いざ果敢にふるまう時勢になると、腕をこまねいて、どうしていいか分からずに、けっきょく破滅してしまう。この人が、時勢と状況に合わせて、気性を変えてさえいれば、運命は変化しなかったにちがいない」（『君主論』）

しかし、そう言われても困る、というのが大かたの社長の気持ちではないか。第一、マキアヴェリは、片方で気質は変えがたいと言い、その一方では、気質を時勢と状況に合わせて変えないかぎり、永続的な繁栄はありえないと言っている。

いったいどうすりゃいいの、と言いたくもなるのではないか？

これに対して、マキアヴェリの答えは明白である。気質は変えがたい以上、社長のほうを替えてしまえというのである。

マキアヴェリは、カルタゴのハンニバルに攻め込まれたローマに例を取って説明する。ファビウス・マクシムスは慎重な性格の指導者で、それまでは、彼の気質に従って万事うまくことが運んだ。しかし、ハンニバルの怒濤の勢いの前ではなすすべがなかった。

そのとき、スキピオが現れて、カルタゴ本国への攻撃という画期的な作戦を提案する。ファビウスはこれに反対する。自分の慣れ親しんだ慎重なやり方に反するからだ。しかし、結局、スキピオの提案が通り、ローマは逆転勝利をおさめたのである。

「ファビウスがローマの国王だったとしたら、この戦争は簡単に敗れていたに相違ない。というのは、時代の推移につれて策を変えていかねばならないという鉄則を、彼は知らなかったからだ。

ところが、実際にはファビウスは共和国に生をうけていた。共和国にはさまざまな型の市民、いろいろな性格を持った人間がいて、長期戦を戦い抜くにはちょうど適任のファビウスがおり、一方、勝ちに乗じたときにはもってこいのスキピオが控えている、といったぐあいなのである」

（『政略論』）

マキアヴェリはここから、君主国よりも共和国のほうが種々の才能を時代に応じて使いわけられるし、永続性に富むという議論に入っていくのだが、たしかに、会社の場合にも、世襲制の会社よりも非世襲制の会社のほうが、ヴァラエティに富む人材を提供できるし、そうした人材を適宜置き換えていくことも可能である。ゆえに、世襲制の会社よりも崩壊を免れやすいということはできるかもしれない。

第三十七講　運命はまだ抵抗力がついていないところで猛威をふるう

しかし、現代の会社にとっての問題点はもう少し別のところにあるのではないだろうか？

なんのことかといえば、時代状況が変わってから社長を取り替えたのではもう遅いということである。それぐらい、現代における状況の変化は激烈だ。日本やアメリカのハイテク・バブルの崩壊過程を見ればわかるように、いったん業績の下方修正がなされたとたん、半年もしないうちに会社の株価は十分の一以下に下落してしまう。そうなってから、会社を立て直そうとして社長を替えてもなんの効果もないのは、多くの実例が証明しているところである。

では、いったいどうすればいいのか？

社長の気質は容易には変えられないし、かといって社長そのものを取り替えるには時間がかかる。となったら、残る策は次のようなものしかないのではないか？

すなわち、社長たるもの、おのれの気質は変えられない以上、そのことをしっかりと自覚して、一種の保険のようなものをかけておくべきではないかということである。

「運命の女神を、一つの破壊的な河川にたとえてみよう。川は怒りだすと、岸辺に氾濫し、樹木や建物をなぎ倒し、こちらの土を掘り返して、向こう岸に運ぶ。だれもが奔流を見て逃げまどい、みなが抵抗のすべもなく猛威に屈してしまう。河川とはこうした性質のものだが、それでも、平穏なときに、あらかじめ堰《せき》や堤防を築いて備えておくことはできる。やがて増水しても、こんどは運河を通して流すようにする、いいかえれば、激流のわがままかってをなだめて、被害を少なくすることができないわけではない。

同じことは運命についていえる。運命は、まだ抵抗力がついていないところで、猛威をふるうもので、堤防や堰ができていない、阻止されないと見るところに、その鉾《ほこさき》先を向けてくる」

（『君主論』）

つまり、にこやかに頬笑んでいた運命の女神が態度をガラリと変えて、いきなり怒りだすように、絶好調だったマーケットが一転してどん底に落ち込んだときにも、その怒りを受け流したり、うまくかわす術を身につけておかなければならないということだ。

しかし、こう書くとかならずや、そんなことは言うは易く、行うは難しの典型ではないかという反論が聞こえるだろう。

だがなによりも、ダメな日本においても、こうした奇跡に近いことをやりおおせている社長が存在している。デフレが進行する中で七年連続で最高益を更新している信越化学工業社長の金川千尋氏である。金川氏は、市場が過熱し、イケイケドンドンのときこそ、谷間のときが来ることを予想して、谷間に耐え得る体質を作っておけと主張し、それを実践してきたのだ。

「そうした熱狂の時期には確実に儲けておこうというのが私の考え方で、この儲けで次の谷間の時期に備えておきます。例えば、不良資産などがあるようなら全部きれいに処理します。だから、わが社のバランスシートはいつも健全さを保っています。

つまり、熱狂にどんどん乗っていくのではなく、次に必ずやって来る落ち込みの時期に備えて、その布石にしてしまうわけです。

あまり熱狂を深追いするのは危険です。熱狂に乗り、積極的にどんどん拡大路線へと進んでいってしまうというやり方が、アメリカ企業においてはしばしば見られます。でも、このやり方では、熱狂が終わり、市況が冷え込むと、もう収拾がつきません。

事実、熱狂でとことん儲けようと、増産のためにやみくもな設備投資に走り、買収などを繰り返した同業者もありました。翌年には私の予測どおりに熱狂は冷め、手ひどいやけどを負ってしまったのです。

熱狂にあっても冷静に判断し、時流にやみくもに乗らない。これが私のやり方なのです」（金川千尋『社長が戦わなければ、会社は変わらない』東洋経済新報社）

では具体的に、好況時にどんな「保険」をかけていたかといえば、アメリカの塩ビの市況が絶好調だった一九九九年に、早めに需要家と契約を更改し、契約の長期化と価格値上げを行ったのである。このとき、市況は熱狂状態にあったから、需要家はこちらの言い値で契約を結んだのだ。その「保険」のおかげで、ITバブルが崩壊したあとも、信越化学は増益を続けることができたのである。

これは、果断に行くべきときには、遠慮なく儲けながら、その一方で、かならずや起るべき大洪水に備えて「あらかじめ堰や堤防を築いて」おくことを意味する。運命の転変は避けえないが、これによって抵抗力だけは確実についていくのである。

金川氏がかけているもう一つの「保険」とは、収益があがっているものは、たとえオールドエコノミーであろうと撤退せず、部門の一つとして残しておくというものである。

欧米の経営者は、なにか新しい高収益の部門が出現すると、それに特化しようとして、他のオールドエコノミーの部門を全部売り払ってしまうが、金川氏はこの路線は取らないと明言する。

「例えば、光ファイバーが脚光を浴びて、毎年三〇～五〇％もの高い成長の続いた時期があります。このとき、アメリカの歴史あるガラスメーカーが、古いものを売り払って光通信事業へと特化し、一躍ヒーローとなっていきました。

ところが数年後、市況は急転して、光ファイバーは苦しい時期に入ってしまい、ヒーローたちは一気に凋落《ちょうらく》しました。結局、数千億円以上もの巨額の赤字を出してしまったところもあります。

前の項で述べたように、私は熱狂を冷静に見るようにしており、光ファイバーの熱狂のときも、その前年から手を打っていたため大きな痛手を受けずに済んだのですが、それに加えてわが社を救ってくれたのが、アメリカの塩ビ事業でした。

世界的にハイテク関連の業績悪化がひどい時期、わが社ではオールドエコノミーの業績が健闘してくれました。アメリカの塩ビ事業は七四年の操業開始以来、安定して大きな利益を上げ続けており、わが社の連結純利益に一番貢献してくれている子会社に成長しました。

一時の熱狂に惑わされず、古い事業といえども利益が出せるものは大切にするというのが私の考え方です」（前掲書）

「保険」は、勢いの方向だけではなく、ポートフォリオの中にもあるということなのであるが、これは、物書きという商売についてもいえることではなかろうか。

たとえば、いま、私は、こんな風にビジネス本っぽい分野やお色気もの、それに小説などの「新規事業」にも手を染めて、私にとってのオールドエコノミーであるところのフランス文学よりも「高収益」をあげてはいるが、だからといって、それに特化したりしないように心掛けている。つまり、フランス文学という「オールドエコノミー」については、たとえ原稿料が安くとも、それを手放したりせず、メディアを選んで地道に書きついでいるのだ。「新規事業」は一時の熱狂がさめれば、ガクンと受注が落ち込むことは、明らかだからである。

第三十八講　運命は、打ちのめし、突きとばす必要がある

さて、最後に、話をマキアヴェリに戻すと、マキアヴェリは運命や時の勢いがいかに人間の思いのままにならなくとも、宿命の定めと考えてあきらめることはしないほうがいいと、はっきりと忠告している。

「われわれ人間の自由意志は奪われてはならないもので、かりに運命が人間活動の半分を、思いのままに裁定しえたとしても、少なくともあとの半分か、半分近くは、運命がわれわれの支配にまかせてくれているとみるのが本当だと、わたしは考えている」　（『君主論』）

しからば、運命がわれわれの支配にまかせてくれた半分を、どう扱ったらいいのか？　果断に進んだほうがいいのか、それとも慎重に行くべきか？　もちろん、さきほども言

ったように、果断でも慎重でも、その反対の態度を「保険」として保留しておくべきことはいうまでもないが、しかし、二者択一でどちらかを取らねばならないとしたら、どちらを選ぶべきなのか？

これに対するマキアヴェリの答えは、フェミニストたちが聞いたらいきりたちそうなセクハラ比喩を使ったものである。

「人は、慎重であるよりは、むしろ果断に進むほうがよい。なぜなら、運命は女神だから、彼女を征服しようとすれば、打ちのめし、突きとばす必要がある。運命は、冷静な行き方をする人より、こんな人の言いなりになってくれる。要するに運命は、女性に似てつねに若者の友である。若者は思慮を欠いて、あらあらしく、いたって大胆に女を支配するものだ」

（『君主論』）

比喩は悪いが、これほどに真理をついた言葉はない。

停滞が続く状況であるだけに一層、「慎重であるよりは、むしろ果断に進むほうがよい」のである。

あとがき

社長になったこともないのに『社長のためのマキアヴェリズム』を書くとは、われながらいい度胸だとは思う。

しかし、一方で、ちょうど小説を批評するのに小説家である必要がないように、会社という「作品」を評するのになにも社長という「作者」である必要はないという理屈も成り立つ。つまり、社長論を書くには、経験よりも、事象をしかと観察し、分析を行う力があればいいのだ。

では、この私に、社長論を書くだけの観察眼と分析力があるのかと問われれば、ないわけではないと答えたい。というのも、私は、フランス文学者という本職の傍ら、明治から昭和にかけての様々な社長の列伝を『この人からはじまる』『破天荒に生きる』という二冊の本にまとめているくらいで、およそ社長というものの生態に関しては、かなり通暁《つうぎょう》しているとの自負を持っているからである。

だが、そんな自惚れ屋の私でも、社長論の基礎となる一般原論、すなわち、およそこの世に存在するすべての社長に当てはまるような普遍的な社長論は無理なのではないかと感じていた。なぜなら、一般原理を導くには、観察と分析だけではなく、高度な帰納能力が不可欠だが、私はこの能力に関してはいまひとつ自信を持てなかったからである。

しかし、第一章でも記したように、マキアヴェリの『君主論』を読んでこの考えを改めた。『君主論』の「君主」を「社長」に置き換えさえすれば、『君主論』はそのまま万古不易の『社長論』となりうるのだ。

ただし、それには、読み替えのためのコードが必要となる。マキアヴェリが『君主論』で述べている原理・原則を『社長論』に応用するには、たとえば、軍隊だとか自国民の武装といったその時代特有の要素を、会社における資金調達や権限委譲といった要素に置き換えることが要求される。これなしには、『君主論』が『社長論』として蘇ることはありえない。だが、この置換作業のためのコードが完成しさえしたら、『君主論』は、どんな社長論よりも強力な社長論となる。

こう考えたとたん、私は、この読み替えコードをどうしても自分で作ってみたくなった。そして、この作業をやっているうちに、今度は、それを人に伝えたくなったのである。その聞き役の一番手となってくださったのが、『中央公論』編集部山田有紀さんと、中央公論新社の書籍編集部の田辺美奈さんである。お二人は、私の話を聞くとすぐに、

「それは行ける」「おもしろいものになる」と全面的に賛成され、さっそく発表の場を用意してくださった。

本書が、『中央公論』連載のあと、こうして一冊の本として世に出ることができたのは、まさにお二人のおかげである。

さて、こうして、読み替え作業を完了し、平成不況にあえぐ日本の社長たちのための本として装いを新たにした『君主論』、すなわち我が『社長のためのマキアヴェリ入門』をもう一度自分で読み返してみると、どうしても、一つの事実に気づかざるをえない。それは、マキアヴェリは、しごく真っ当なことを言っているという事実である。ある意味で、『君主論』は、常識（ボン・サンス）の書、モンテーニュの『エセー』と同じく、考えに考えたあげく常識（ボン・サンス）に到達した書物なのだ。

そして、翻って現代の日本を眺めてみると、一番欠けているのがこの常識なのである。俗論を常識と取り違えて右往左往する政治家、常識さえわきまえていれば潰さずに済んだ会社を倒産させた社長、いずれも、人間ならだれにでも平等に付与されているはずの常識をないがしろにした報いとしか言いようがない。マキアヴェリの金言は、この常識欠如の日本において万鈞の重みを持つにちがいない。

最後に、もう一度、山田有紀さんと田辺美奈さんに心から御礼申し上げると同時に、

『中央公論』連載にゴーサインを出されたばかりか、書籍化に際して力添えをいただいた『中央公論』編集長の河野通和さん、さらに今回もまた、シンプルにしてエレガントな装幀で本書を包んでくださった鈴木成一さんに、この場を借りて、感謝の気持ちをお伝えしたい。

鹿島　茂

二〇〇三年七月十四日

文庫版あとがき

あいかわらず、M&A（乗っ取り・買収）やら、TOB（株式公開買い付け）の話題がマスコミを賑わしている。どうやら、日本人も会社はまるごと買ったり売ったりするほうが、一から会社を立ち上げるよりもはるかに手間が省けるという事実に気が付いたようである。

しかし、そうなればなったで、いろいろと問題が起こってくる。会社はモノではなく、人間の組織なのだから。せっかくM&AやTOBに成功しても、買収した先の会社の人間の激しい抵抗にあって、利益を出すどころか、逆に欠損を出してしまう。なんのために、会社を買収したのかわからない。

これは、M&AやTOBを手掛ける冷酷非情な人間であればあるほど、人間の心理の機微に通じていなければならないというパラドックスがあるのを知らないことからきている。

いや、それはパラドックスでもなんでもない。むしろ、常識というべきものである。

ただ、その「常識」が日本ではあまりに欠けているのだ。徳川三百年の鎖国が思考の根底にあり、その上に戦後六十年の平和が乗っているため、日本人は、いまでは、人間心理の把握がそうとうに「甘く」なっている。

国の外交ばかりではない。会社の「外交」でも然りである。

この意味で、マキアヴェリの『君主論』は、つねに読み返されるべき古典である。

拙著が、現代社会の「君主」たる社長たちのための『君主論』理解の一助となることを切に願う次第である。

二〇〇六年八月二十日

鹿島　茂

解説

中條高徳

私は読書量では決して人後におちないとの自信がある。ところがマキアヴェリの「君主論」は有名ではあるが、しっくりこないものの一つであった。

「君主論」が性悪説に強く支配されているとの私の思い込みが主たる原因であった。

フランス文学者で、私より二廻りも若い著者がこの難物に挑んだことにまず感服した。著者自ら述べているように「組み替えコード」を創出して「社長論」としたところが、この難物を理解し易くしているのだ。

かつて軍人であった私としては、この国の全ての階層が、自己中心の利に趨《はし》り、国家を忘れている経営者が多い現実を考えると、第三章の「傭兵軍」の項は、金融のコードに替えて論ずるよりも、そのまま「国家と企業」の特別コードにした方が世の経営者により警世の役割りを果たしたであろうと見るは年寄の僻目《ひがめ》か。

世界一、二位の豊かさを築き、平和と豊饒《ほうじょう》の配当をしこたま享受した日本人は、自らの国を自らの手で護る気概が、年を追う毎に薄らいでいくように思えてならない。

殷賑《いんしん》を極めたローマ帝国は、やがて自国の防衛を傭兵軍に託した。傭兵は、傭料《やといりょう》（給料）に忠実であっても、国家国民に忠実であろう筈はない。それが故にあの大ローマ帝国は滅亡した。傭兵制にひそむ意味を歴史は雄弁に語っている。

これから各章を順次めぼしい、そして適切な例などあげながら解説しようと思う。

第一講の君主論「ひたすら国（会社）を維持してほしい。彼のとった手段は、必ずやりっぱと評価され、誰からもほめそやされる」又「どのような辱《はずか》しめを受けようと、あるいは栄光をその身に浴びようと、どのような手だてを使ってでも祖国（会社）は護持されなければならない……」（政略論）

経営は結果責任を問われる。私がアサヒビールの営業本部長を命ぜられた時、シェアは一〇％を割り、ハーバード大学は六〇％を占めるキリンには絶対勝てないと論じていた。このマ論を読んでいたわけではないが、どのような手だてを使ってでも勝ち抜かねばならないと覚悟をきめて、全て戦争中身につけた「兵法」で戦うことにした。つまり眦《まなじり》を決し、開き直ったのだ。兵法で基本的に説かれる「不作為《ふさくい》の罪」つまり「為サザルト遅疑逡巡《ちぎしゅんじゅん》スルハ将（社長）ノ最モ戒ムベキ処《ところ》ニシテ、ソノ組織（会社）ニ及ボス損害タルヤ為《な》シテ失敗スルヨリ大ナレバナリ」（作戦要務令）と「兵員《へいいん》（経営源資）ノ逐次投入《ちくじとうにゅう》ノ戒《いましめ》」はマキアヴェリの「加害行為は一気にやれ」と全く符合《ふごう》する。

昭和五十七年、営業本部長に就任するや、明治以来のラベルを変え、中味を変え、組織を大きく変え、吾妻橋工場を売り、四百四十名の人員整理までし、生まれ変るために考えられる全ての手を打ち、最後のエネルギーを集約し、四年という雌伏の時《とき》まで貯《た》めて起ちあがったのが昭和六十一年二月四日。私の師事していた山本為三郎初代社長の命日の日であった。

「コクがあってキレがある生ビール」の提案であった。

その年の業界の伸び率のなんと三・八倍の驚異的成績であり、翌年のスーパードライにつながり、兵法で説く「勢《いきおい》ハ勢ヲ呼ビ、勝《かち》ハ勝ヲ呼」んで、やがてキリンを抜く日がやってきたのだ。首切りした人達全員を戻すことさえ出来た。

近代兵法も「孫子」や「君子論」などからエッセンスを集めて作り出されたのであろう。第二章は企業合併やM&Aの横行《おうこう》する昨今参考になる教訓がひそんでいる。君主論「言語も風習も制度も異なる……」の項で著者は第一銀行長谷川頭取時代、三菱との合併案を井上会長の執念でつぶされ、勧銀との合併になった経緯をとりあげている。

井上会長の反対運動はすさまじかった。その時、使い走りになり、その真実を知っていた宮崎秘書役（のち頭取）の自殺につながった。

合併はそもそもマキアヴェリの説く如く命《いのち》懸《が》けなのである。

昨今の合併を著者が「売れ残り同士の組み合わせの様相を呈している」と評しているのは言い得て妙である。

合併の場合、それぞれの企業の文化の差が合併効果にマイナスとして出る事はゆめ忘れてはならない。著者が例としてあげている興銀と富士・第一勧銀の合併は誰が見ても、企業文化の差は、はっきりしている。

その様な場合、マキアヴェリの説くようなカリスマ的なリーダーシップを持つ指揮官でなければ合併効果はあがりにくい。

大日本ビールは明治時代の合併でありながら昭和の私の代まで「アサヒ」「ユニオン」の差がつぶやかれていた程である。

第三章は既述したが、著者の組み替えコードで企業の金融として読むのも大いに結構。だが、国家あっての企業なのに、国家の在り方、国防などにとんと関心を持たない経営者が多く見られる現状からして、国防のしめくくりを日米安保だけに託していいのかどうか、マキアヴェリの傭兵論の「今日のイタリアの没落は、永年にわたって傭兵軍のうえにあぐらをかいてきたのが原因」という主張を謙虚に受けとめ緊急の課題とすべきではないだろうか。

第四章は社長誕生の際の考察である。

アサヒはかつては大日本ビールという名門であった。占領軍の分割で危機がおとずれ、それからは住友銀行から六人の社長が派遣された。私が幹部になってからであっただけに複雑な思いであった。プロパーの代表として「住銀に感謝し、そして住銀から支配されない」との二律背反の如き対応であった。

支店長たちから住銀追放の血判書が私の手許に届けられたことがあった。関西相互銀行事件の頃である。骨のある奴も残っていたのだと嬉しくもあった。一般大衆を相手に商売している会社が、そのような事態を起せばその瞬間会社は潰れる。勝つより他ないと、ある支店長夫人までも宥《なだ》めた日が懐しい。

マキアヴェリの説くモデルのような存在は、村井、樋口の両社長であろう。村井さんは、マツダの再建にも当り、極めて明るい部下に任せるタイプであり、後任の樋口さんは、銀行でも〝瞬間湯沸器〟と呼ばれる程の、いわばマキアヴェリ的人物であった。

兵法で指揮官（社長）の役割は「方向を指示し、兵站す」と説く。兵站とは軍費調達。村井さんのさわやかな性格なればこそ、アサヒの生方向《なま》の作戦が決められ、次に軍費調達に極めて巧みな樋口さんの登場は、吾々プロパーに全くその順序の選択の余地などなかっただけに、企業にも命運があるのだ。この社長就任の順序が逆であればアサヒ再生はありえなかった公算が高いと思う。

「君主論」の白眉は第五、第六章の君主（指揮官）の在り方を説く部分であろう。

兵法の粋《すい》と言われる「統帥綱領《とうすいこうりょう》」（高級指揮官に対し昭和三年作製されたもの）の「将帥《しょうすい》の態度」と比較するとよい。

「危急存亡の秋《とき》に際会《さいかい》するや、部下は仰いでその将帥に注目す。（中略）沈着剛毅《ちんちゃくごうき》、楽観を装いて部下の嘱望《しょくぼう》つなぎ、その志気を作興《さっこう》して、最後の勝利を獲得すべし」（統帥綱領六）

「指揮官は軍隊の中枢《ちゅうすう》にして、又団結の核心《かくしん》なり。故に常時熾烈《しれつ》なる責任観念及び鞏《きょう》固《こ》なる意志を以てその職責を遂行すると共に、高邁なる徳性を備え、部下と苦楽を共にし、率先躬行《きゅうこう》、軍隊の儀表《ぎひょう》としてその尊信《そんしん》を受け、剣電弾雨《けんでんだんう》の間に立ち、勇猛沈着部下をして仰ぎて富嶽《ふがく》（富士山）の重きを感ぜしめざるべからず」（作戦要務令・綱領十）

「愛される社長か恐れられる社長か」の項で、マキアヴェリの人間観が浮き立つ。

「人間はもともと邪《よこしま》なもの」とか「人間は恩知らずで、むら気で、猫かぶりの偽善者で……」などと説く。「恩義とか愛情の担保価値は極めて低く、恐怖心の担保価値は常に高い」とし「恐怖心による弱さの抑圧こそが忠義の本質」だとして、恐れられる社長の方をすすめる。

私も恐怖心の要素は認めるものの、マ理論に百％賛成しかねるのはこの部分なのです。今でも徳《とく》は力《ちから》に勝るとの私の信念はゆるがない。しかし昨今の指揮官や親は部下や子供を叱る術が判らず、叱り方が下手である。

部下や子供におもねってさえいるように見える。それで子供や部下を指揮出来る筈がない。第七章、第八章を熟読してほしい。

第十章で追従《ついしょう》者について触れているが、権力者には追従者がつきものである。権力者がよく晩節をけがすのは悉く追従による。

マ理論では幾人かの賢人を選び、彼らにだけ真実の提案を許す……と説いているが、直言は難しいものだ。拙著『小が大に勝つ兵法の実践』（かんき出版）の「気下《きくだ》しの心で諫《いさ》める」の項を読んでほしい。

第十二章のマキアヴェリの主張は「弱体な国家がもつ最も悪い傾向は、決断力に乏しいということだ」にある。指揮官は決断の為にのみ存在する。決断は指揮官の専権事項であり、決断に当るトップは常に孤独である。勝つためには、「トップダウン方式」しかないことをよく心得てほしい。「ボトム・アップ方式」は決断を誤らない為のトップダウンの補完作業にすぎない。

今や情報の発達ですさまじいまでの「変化の時代」だ。マ理論は「時代の流れを読み取ることができなければ、いずれ会社は潰れる」と説き、「社長の気質は変え難い。ゆえに、気質ではなく社長の方を替えるべきである」は痛快極りない。

マキアヴェリは最後に第二次ポエニ戦争を語り、あのローマがハンニバルによって敗れんとしたまさにその時、スキピオが現われて、カルタゴ本国への攻撃という画期的な作戦でローマが逆転勝利した史実を述べて、国家も企業も全て人なりと結んでいる。組織のコンセンサスの強弱は社長の信念の強さと正比例し、企業は社長の器量以上には発展しないという企業論理をマキアヴェリも双手をあげて賛成してくれるであろう。

（なかじょう・たかのり／アサヒビール株式会社・名誉顧問）

本書は『社長のためのマキアヴェリズム』（二〇〇三年九月、中央公論新社刊）を改題し、加筆修正をおこなったものです。

初出／『中央公論』二〇〇二年四月号～二〇〇三年五月号に連載
なお、引用部分に関しては、「君主論」は、池田廉訳『君主論』（中公クラシックス・中央公論新社、二〇〇一）、「政略論」は永井三明訳「政略論」（『マキアヴェリ』世界の名著21、中公バックス版・中央公論社、一九七九）、同「ディスコルシ」（『マキァヴェッリ全集　2』筑摩書房、一九九九）、「ラ・ロシュフコー箴言集」は二宮フサ訳『ラ・ロシュフコー箴言集』（岩波書店、一九八九）を底本といたしました。

中公文庫

社長《しゃちょう》のためのマキアヴェリ入門《にゅうもん》

2006年9月25日　初版発行
2017年2月28日　再版発行

著　者　鹿《か》 島《しま》 茂《しげる》

発行者　大橋 善光

発行所　中央公論新社
〒100-8152　東京都千代田区大手町1-7-1
電話　販売 03-5299-1730　編集 03-5299-1890
URL http://www.chuko.co.jp/

DTP　ハンズ・ミケ
印　刷　大日本印刷（本文）
三晃印刷（カバー）
製　本　大日本印刷

Published by CHUOKORON-SHINSHA, INC.
Printed in Japan　ISBN4-12-204738-2 C1195

各書目の下段の数字はISBNコードです。978－4－12が省略してあります。

中公文庫既刊より

か-56-1
パリ時間旅行　鹿島茂
オスマン改造以前、19世紀パリの原風景へと誘うエッセイ集。ボードレール、プルーストの時代のパリが鮮やかに甦る。図版多数収載。〈解説〉小川洋子
203459-4

か-56-2
明日は舞踏会　鹿島茂
19世紀パリ、乙女たちの憧れは華やかな舞踏会！　フロベール、バルザックなどの作品を題材に、当時の女性の夢と現実を活写する。〈解説〉岸本葉子
203618-5

か-56-3
パリ・世紀末パノラマ館　エッフェル塔からチョコレートまで　鹿島茂
19世紀末、先進、躍動、享楽、芸術、退廃が渦巻く幻想都市パリ。その風俗・事象の変遷を遍く紹介する魅惑の時間旅行。図版多数。〈解説〉竹宮惠子
203758-8

か-56-4
パリ五段活用　時間の迷宮都市を歩く　鹿島茂
マリ・アントワネット、バルザック、プルースト――パリには多くの記憶が眠る。食べる、歩くなど八つのテーマでパリを読み解く知的ガイド。〈解説〉にむらじゅんこ
204192-9

か-56-5
衝動買い日記　鹿島茂
「えいっ！買った」。腹筋マシーン、猫の家から挿絵本まで全24アイテム……ムッシュウ・カシマの衝動買い顚末記。巻末に結果報告を付す。〈解説〉百瀬博教
204366-4

か-56-8
クロワッサンとベレー帽　ふらんすモノ語り　鹿島茂
「上等舶来」という言葉には外国への憧れが込められている。シロップ、コック帽などの舶来品のルーツを探るコラム、パリに関するエッセイを収録。〈解説〉俵　万智
204927-7

か-56-9
文学的パリガイド　鹿島茂
24の観光地と24人の文学者を結ぶことで、パリの文学的トポグラフィが浮かび上がる。新しいパリが見つかる、鹿島流パリの歩き方。〈解説〉雨宮塔子
205182-9

か-56-10
パリの秘密
鹿島　茂
エッフェル塔、モンマルトルの丘から名もなき通りの片隅まで……時を経てなお、パリに満ちる秘密の香り。夢の名残を追って現代と過去を行き来する、瀟洒なエッセイ集。
205297-0

か-56-11
パリの異邦人
鹿島　茂
訪れる人に新しい生命を与え、人生を変えてしまう街——パリ。リルケ、ヘミングウェイ、オーウェルら、触媒都市・パリに魅せられた異邦人たちの肖像。
205483-7

か-56-12
昭和怪優伝　帰ってきた昭和脇役名画館
鹿島　茂
荒木一郎、岸田森、川地民夫、成田三樹夫……。今なお眼に焼き付いて離れない昭和の怪優十二人を、映画狂・鹿島茂が語り尽くす！　全邦画ファン、刮目せよ！
205850-7

か-56-13
パリの日本人
鹿島　茂
西園寺公望、成島柳北、原敬、獅子文六……。最盛期のパリを訪れた日本人が見たものとは？　文庫用に新たに「パリの昭和天皇」収録。〈解説〉森まゆみ
206206-1

た-33-9
食客旅行
玉村豊男
香港の妖しい衛生鍋、激辛トムヤムクンの至福、干しダコとエーゲ海の黄昏など、旅の楽しみイコール食の愉しみだと喝破する著者の世界食べ歩き紀行。
202689-6

た-33-11
パリのカフェをつくった人々
玉村豊男
芸術の都パリに欠かせない役割をはたし、フランス文化の一面を象徴するカフェ、ブラッスリー。その発生を克明に取材した軽食文化のルーツ。カラー版
202916-3

た-33-16
晴耕雨読ときどきワイン
玉村豊男
著者の軽井沢移住後数年から、ヴィラデスト農園に至る軽井沢、御代田時代（一九八八〜九三年）を綴る。題名のライフスタイルが理想と言うが……。
203560-7

た-33-19
パンとワインとおしゃべりと
玉村豊男
大のパン好きの著者がフランス留学時代や旅先で出会ったさまざまなパンやワインと、それにまつわる愉快なエピソードをちりばめたおいしいエッセイ集。
203978-0

各書目の下段の数字はISBNコードです。978－4－12が省略してあります。

た-33-20
健全なる美食
玉村豊男
二十数年にわたり、料理を自ら作り続けている著者が、客へのもてなし料理の中から自慢のレシピを紹介。食文化のエッセンスのつまったグルメな一冊。カラー版
204123-3

た-33-15
男子厨房学入門《メンズ・クッキング》
玉村豊男
「料理は愛情ではない、技術である」「食べることの経験はつくることに役立たないが、つくることの経験は食べることに役立つ」超初心者向け料理入門書。
203521-8

た-33-21
パリ・旅の雑学ノート カフェ／舗道／メトロ
玉村豊男
在仏体験と多彩なエピソードを織り交ぜ、パリの尽きない魅力を紹介する。'60～'80年代のパリが蘇る、ウィットとユーモアに富んだ著者デビュー作。
205144-7

た-33-22
料理の四面体
玉村豊男
英国式ローストビーフとアジの干物の共通点は？ 刺身もタコ酢もサラダである？ 火・水・空気・油の四要素から、全ての料理の基本を語り尽くした名著。〈解説〉日高良実
205283-3

た-33-23
おいしいものは田舎にある 日本ふーど記
玉村豊男
個性的な味を訪ねる旅エッセイ。鹿児島、讃岐、さらには秋田日本海へ。風土と歴史が生み出す郷土食はどう形成されたのか。『日本ふーど記』を改題。
206351-8

ク-1-1
地下鉄のザジ
レーモン・クノー
生田耕作訳
地下鉄に乗ることを楽しみにパリにやって来た田舎少女ザジは、あいにくの地下鉄ストで奇妙な体験をする——。現代文学に新たな地平をひらいた名作。
200136-7

い-87-1
ダンディズム 栄光と悲惨
生田耕作
かのバイロン卿がナポレオン以上に崇めた伊達者ブランメル。彼の生きざまやスタイルから〝ダンディ〟の神髄に迫る。著者の遺稿を含む「完全版」で。
203371-9

い-87-4
夜の果てへの旅（上）
セリーヌ
生田耕作訳
全世界の欺瞞を呪詛し、その糾弾に生涯を賭け各地を遍歴し、ついに絶望的な闘いに傷つき倒れた〈呪われた作家〉セリーヌの自伝的小説。一部改訳の決定版。
204304-6

い-87-5
夜の果てへの旅（下）
セリーヌ
生田耕作訳
人生嫌悪の果てしない旅を続ける主人公の痛ましい人間性を描き、「かつて人間の口から放たれた最も激烈な、最も忍び難い叫び」と評される現代文学の傑作。
204305-3

か-18-7
どくろ杯
金子光晴
『こがね蟲』で詩壇に登場した詩人は、その輝きを残し、夫人と中国に渡る。長い放浪の旅が始まった――青春と詩を描く自伝。〈解説〉中野孝次
204406-7

か-18-8
マレー蘭印紀行
金子光晴
昭和初年、夫人三千代とともに流浪する詩人の旅はいつ果てるともなくつづく。東南アジアの自然の色彩と生きるものの営為を描く。〈解説〉松本　亮
204448-7

か-18-9
ねむれ巴里
金子光晴
深い傷心を抱きつつ、夫人三千代と日本を脱出した詩人はヨーロッパをあてどなく流浪する。『どくろ杯』につづく自伝第二部。〈解説〉中野孝次
204541-5

か-18-10
西ひがし
金子光晴
暗い時代を予感しながら、喧噪渦巻く東南アジアにさまよう詩人の終りのない旅。『どくろ杯』『ねむれ巴里』につづく放浪の自伝。〈解説〉中野孝次
204952-9

か-18-11
世界見世物づくし
金子光晴
放浪の詩人金子光晴。長崎・上海・ジャワ・巴里へと至るそれぞれの土地を透徹な目で眺めてきた漂泊の詩人が綴るエッセイ。
205041-9

か-18-12
じぶんというもの　金子光晴老境随想
金子光晴
友情、恋愛、芸術や書について――波瀾万丈の人生を経て老境にいたった漂泊の詩人が、人生の後輩に贈る人生指南。〈巻末イラストエッセイ〉ヤマザキマリ
206228-3

か-18-13
自由について　金子光晴老境随想
金子光晴
自らの息子の徴兵忌避の顚末を振り返った「徴兵忌避の仕返し恐る」ほか、戦時中も反骨精神を貫き通した詩人の本領発揮のエッセイ集。〈解説〉池内恵
206242-9

各書目の下段の数字はISBNコードです。978－4－12が省略してあります。

く-15-2
ドイツの犬はなぜ幸せか　犬の権利、人の義務
グレーフェ彧子《あやこ》
「犬と子供はドイツ人に育てさせろ」というほど、犬の飼い方に関して飼い主に厳しい義務が課せられている動物愛護先進国からのユニークなレポート。
203700-7

サ-7-1
星の王子さま
サンテグジュペリ
小島俊明 訳
砂漠に不時着した飛行士が出会ったのは、ほかの星からやってきた王子さまだった。永遠の名作を、カラー挿絵とともに原作の素顔を伝える新訳でおくる。
204665-8

つ-3-1
背教者ユリアヌス（上）
辻　邦生
ローマ皇帝の家門に生れながら、血を血で洗う争いに幽閉の日々を送る若き日のユリアヌス……。毎日芸術賞に輝く記念碑的大作。
200164-0

つ-3-2
背教者ユリアヌス（中）
辻　邦生
汚れなき青年の魂にひたむきな愛の手を差しのべる皇后エウセビア。真摯な学徒の生活も束の間、副帝に擁立されたユリアヌスは反乱のガリアの地に赴く。
200175-6

つ-3-3
背教者ユリアヌス（下）
辻　邦生
ペルシア兵の槍にたおれたユリアヌスは、皇帝旗に包まれメソポタミアの砂漠へと消えていく。悲劇の皇帝の数奇な生涯を雄大な構想で描破。〈解説〉篠田一士
200183-1

つ-3-8
嵯峨野明月記
辻　邦生
変転きわまりない戦国の世の対極として、永遠の美を求め〈嵯峨本〉作成にかけた光悦・宗達・素庵の献身と情熱と執念。壮大な歴史長篇。〈解説〉菅野昭正
201737-5

つ-3-16
美しい夏の行方　イタリア、シチリアの旅
辻　邦生
堀本洋一 写真
光と陶酔があふれる広場、通り、カフェ……ローマからアッシジ、シエナそしてシチリアへ、美と祝祭の国の町々を巡る甘美なる旅の思い出。カラー写真27点。
203458-7

つ-3-20
春の戴冠1
辻　邦生
メディチ家の恩顧のもと、花の盛りを迎えたフィオレンツァの春を生きたボッティチェルリの生涯——壮大にして流麗な歴史絵巻、待望の文庫化！
205016-7

つ-3-21
春の戴冠2
辻 邦生
悲劇的ゆえに美しいメディチ家のジュリアーノと美しきシモネッタの禁じられた恋。ボッティチェルリは彼らを題材に神話のシーンを描くのだった——。
204994-9

つ-3-22
春の戴冠3
辻 邦生
メディチ家の経済的破綻が始まり、フィオレンツァの春は、爛熟の様相を呈してきた——永遠の美を求めるボッティチェルリと彼を見つめる「私」は。
205043-3

つ-3-23
春の戴冠4
辻 邦生
美しいシモネッタの死に続く復活祭襲撃事件……。ボッティチェルリの生涯とルネサンスの春を描いた長篇歴史ロマン堂々完結。〈解説〉小佐野重利
205063-1

つ-3-24
生きて愛するために
辻 邦生
愛や、恋や、そして友情——生きることの素晴らしさ、人の心のよりどころを求めつづけた著者が、半年の病のあと初めてつづった、心をうつ名エッセイ。〈解説〉中条省平
205255-0

な-66-2
日本書人伝
中田勇次郎 編
三筆三跡をはじめ名筆十九家を選び、その生涯をたどる。司馬遼太郎、永井路子、辻邦生ほか、作家と碩学による文学的評伝。巻末に詳細な年譜を付す。
206163-7

と-21-1
パリからのおいしい話
戸塚真弓
料理にまつわるエピソード、フランス人の食の知恵など、パリ生活の豊かな体験をもとに〝暮らしの芸術〟としての家庭料理の魅力の全てを語りつくす。
202690-2

と-21-3
暮らしのアート 素敵な毎日のために
戸塚真弓
週に一度はごちそう作り、絹のスカーフは手洗いで、調味料こそ一級品を、布を使って模様替え…パリで学んだより快適で豊かな毎日のための〝衣食住の芸術〟。
203601-7

と-21-4
私のパリ、ふだん着のパリ
戸塚真弓
露天市場やガラクタ市の魅力、フランス式おいしい紅茶の淹れ方、美術館を楽しむ法……パリ生活二十余年、毎日の暮らしから見えてきた素顔の街の魅力。
203979-7

各書目の下段の数字はISBNコードです。978－4－12が省略してあります。

と-21-5
パリからの紅茶の話　戸塚真弓
パリに暮らして三十年。フランス料理とワインをこよなく愛する著者が、五感を通して積み重ねた、歴史と文化の街での心躍る紅茶体験。〈解説〉大森久雄
205433-2

と-21-6
パリの学生街　歩いて楽しむカルチェ・ラタン　戸塚真弓
歳月を経た建物の柔和な表情、ローマ人の支配の痕跡、美術館、大学、教会、書店、露店市……。おおらかな風が吹き抜けるカルチェ・ラタンの素顔の魅力。
205726-5

と-21-7
ロマネ・コンティの里から　ぶどう酒の悦しみを求めて　戸塚真弓
〈人類最良の飲み物〉に魅せられ、フランスに暮らす著者が、ぶどう酒を愛する人へ贈る、銘酒の村からのワインエッセイ。芳醇な十八話。〈解説〉辻　邦生
206340-2

ふ-37-1
マリー・アントワネットの生涯　藤本ひとみ
愛された大公女時代から断頭台での最期まで、華麗な足跡をヨーロッパ各地に辿り、悲劇の王妃の真実を浮き彫りにする歴史エッセイ。〈解説〉樺山紘一
203838-7

ふ-37-2
マリー・アントワネットの娘　藤本ひとみ
微笑んだことがないといわれた、アントワネットの娘、色情狂といわれたマルゴ王妃。歴史に翻弄された2人の数奇な生涯を描く歴史エッセイ。〈解説〉福井憲彦
204469-2

ふ-37-4
ジャンヌ・ダルクの生涯　藤本ひとみ
13歳で神の声を聞き、17歳で祖国フランスのために剣を取って起ち、19歳で火刑台に散った男装の少女――数多の伝説を生んだ「奇跡の乙女」の実像に迫る歴史エッセイ。
204578-1

ふ-37-9
幕末銃姫《じゅうき》伝　京の風　会津の花　藤本ひとみ
戊辰戦争末期、自ら銃を取り大砲を指揮して戦った女性がいた――激動の幕末を生き抜き、自らの手で未来を切り拓いた山本八重の前半生を描く歴史長篇。
205706-7

Cた-1-23
エルメスの道　竹宮惠子
世界屈指のステイタスブランド・エルメス。パリの馬具工房からはじまり現在に至るまでの、伝統を守り受け継いできた約一六〇年の歴史を描いた傑作。
203564-5